D1177731

MEREDITH HAAF
SUSANNE KLINGNER
BARBARA STREIDL

WIR ALPHAMÄDCHEN
WARUM FEMINISMUS DAS LEBEN SCHÖNER MACHT

| Hoffmann und Campe |

1. Auflage 2008
Copyright © 2008 by
Hoffmann und Campe Verlag, Hamburg
www.hoca.de
Illustrationen: Eva Hillreiner
Gesetzt aus der Sabon Linotype und der Futura Linotype
Satz: Dörlemann Satz, Lemförde
Druck und Bindung: GGP Media GmbH, Pößneck
Printed in Germany
ISBN 978-3-455-50075-2

HOFFMANN
UND CAMPE

Ein Unternehmen der
GANSKE VERLAGSGRUPPE

INHALT

ÜBER DIESES BUCH

Eines muss gleich zu Anfang geklärt werden: Alphamädchen sind wir alle. Nicht nur die Autorinnen dieses Buches, sondern alle jungen Frauen, die mitdenken und Ziele haben; die sich für die Welt interessieren und frei und selbstbestimmt leben möchten, jede nach ihrer Art – das sind wir Alphamädchen.

Wir drei sind sehr unterschiedlich aufgewachsen. Zwei von uns haben ihre Kindheit in Westdeutschland verbracht – eine in den siebziger, eine in den späten achtziger Jahren –, eine ist in den frühen Achtzigern in Ostdeutschland aufgewachsen. Keine von uns hat Genderwissenschaften studiert oder war in der links-alternativen Szene aktiv. Im feministischen Establishment wird man uns nicht kennen. Unser Feminismus ist aus dem Alltag entstanden und aus unserer journalistischen Auseinandersetzung mit gesellschaftlichen Tendenzen und Debatten.

Über uns Frauen wird nämlich viel geredet. In Deutschland fällen seit einiger Zeit viele ihre Urteile über junge Frauen und was sie alles anders machen sollten. Politikerinnen und Publizisten mittleren Alters, Erziehungsexperten und Soziologen, ja sogar kinderlose Geistliche haben dazu eine Meinung: »Akademikerinnen kriegen zu wenig Kinder«, »Junge Frauen lassen die Deutschen vergreisen oder gar aussterben« oder »Rabenmütter«. Nur diejenigen, um die es geht, haben scheinbar nichts zu sagen. In dieser Debatte um Kinder, Karriere, Vorbilder und Verantwortung hatten sie bisher jedenfalls keine Stimme.

Und doch haben viele Tausend junge Menschen – Mädchen und Jungs, Frauen und Männer – das Gefühl, dass etwas schiefläuft. Sie beobachten, wie alte, längst überkommen geglaubte Rollenmuster wieder salonfähig werden. Sie kritisieren die Schönheitsideale der Medien und den alltäglichen Sexismus. Sie werden wütend, wenn über ihre Köpfe hinweg bestimmt wird oder – wie im Falle der jungen Männer – sie in der Diskussion sogar außen vor bleiben. Sie alle leiden darunter, ihren Lebensentwurf ständig auf die spätere Vereinbarkeit von Familie und Beruf überprüfen zu müssen.

Um all diese Dinge soll es hier gehen. Manche werden vielleicht die spezifischen Perspektiven lesbischer Frauen oder etwa Migrantinnen vermissen – weil die ja zum Thema Frauen und Gesellschaft gehören. Doch dieses Buch hat nicht den Anspruch, sämtliche Sichtweisen zu vereinen. Wir wissen, dass nicht alle jungen Frauen in Deutschland gleich leben; dass einige in ihrem Privatleben gern auf Männer verzichten können, dass viele aus finanziellen Gründen gar keine Wahl zwischen Kindern und Beruf haben und das Wort »Karriere« dabei eine untergeordnete Rolle spielt. Uns ist auch bewusst, dass Einwanderinnen in diesem Land noch andere Probleme haben, von alleinerziehenden Müttern ganz zu schweigen. Wir konzentrieren uns hier allerdings erst einmal auf Themen, die einen Großteil der jungen Frauen, die heute in Deutschland leben, betreffen.

Dieses Buch ist mit einer guten Portion Wut geschrieben. Da draußen passieren viele Dinge, die uns jungen Frauen ordentlich stinken: schlechtere Bezahlung, Sexismus im Alltag und die angeblich ganz normale Angst, wenn wir nachts allein durch die Straße laufen. Wir Frauen sollen schon alles erreicht haben? Wir wollen mehr!

Wir können und wollen nicht mehr so tun, als wäre alles in bester Ordnung und jede für sich müsste sich nur genug anstrengen. Es ist Zeit, dass wir jungen Menschen endlich selbst die Diskussion führen, wie Frauen und Männer im 21. Jahrhundert miteinander leben wollen. Und dann müssen wir auch handeln – sonst wird sich nämlich nie etwas ändern. Wir haben lange genug den anderen zugehört – jetzt sind wir dran.

Dieses Buch soll ein Anfang sein. Wir glauben, dass Feminismus für alle Frauen – egal wo sie herkommen und unter welchen Bedingungen sie leben – und auch für alle Männer das Leben schöner macht. Und wir wollen zeigen, warum das so ist. Feminismus ist nicht alt oder überholt – er ist jung und cool und kann dabei helfen, jede Menge Fragen zu beantworten.

DARUM IST FEMINISMUS TOLL

Alle jungen Frauen wollen heute das Gleiche, nämlich: genauso viel verdienen wie Männer, die gleichen Aufstiegschancen, einen gleich großen Anteil an der Macht in unserem Land und nicht vor die Entscheidung »Kind oder Karriere« gestellt werden. Wir wollen uns in keiner Lebenssituation mehr einreden lassen: »Das gehört sich nicht für eine Frau« oder »Mädchen können das nicht«. All das sollte eigentlich selbstverständlich sein, und doch ist es das nicht. Wenn die Gleichberechtigung der Geschlechter in unserem Land schon Realität wäre, müssten wir nicht darüber reden. Realität aber ist, dass wir weiter um Emanzipation kämpfen müssen, in fast allen Bereichen des Lebens. Je weiter diese Erkenntnis wächst, desto absurder klingen die oft strapazierten Worte »Ich bin keine Feministin, aber ...« Schluss mit dem Quatsch! Wir sind Feministinnen. Alle. Weil wir doch alle genau das wollen, was auch der Feminismus will: gleiche Verhältnisse für Frau und Mann. Also sollten wir auch etwas dafür tun!

Das Problem: Viele halten Feministinnen für hässlich, spaß- und männerfeindlich, ironiefrei und unsexy. Das alles wollen wir uns natürlich nicht nachsagen lassen, und deswegen streiten die meisten von uns lieber ab, irgendetwas mit »den Emanzen« zu tun zu haben. Dabei ist der Feminismus laut Definition der Encyclopedia Britannica nur:

»the belief in the social, economic, and political equality of the sexes«, also »der Glaube an die soziale, ökonomische und politische Gleichheit der Geschlechter«. Alles, was über diese Definition hinausgeht, ist oftmals Vorurteil, Klischee. Also etwas, das kluge Menschen kritisch hinterfragen sollten.

Der Feminismus wurde nicht in den siebziger Jahren erfunden und auch nicht von Alice Schwarzer oder anderen gepachtet. Und doch wird er fälschlicherweise immer wieder mit Thesen aus dieser Zeit gleichgesetzt: dass Männer zum Beispiel grundsätzlich gewaltbereit seien, dass Kinder uns von der Partizipation an unserer Gesellschaft abhielten, dass Frauen grundsätzlich die besseren Geschöpfe seien – reichlich fragwürdige Paradigmen, mit denen heute nicht einmal mehr die meisten der sogenannten Alt-Feministinnen etwas anfangen können.

Die Frauenbewegung hat uns ermöglicht, ein leichteres, angenehmeres Leben zu führen als die Generationen vor uns. Aber weil der Feminismus selbst nichts Leichtes an sich zu haben scheint, interessiert er viele Frauen nicht länger. Wir hören häufig, der Feminismus versage auch und vor allem deshalb, weil er die Probleme junger Frauen von heute nicht lösen könne. Diese Kritik kommt nicht nur aus der zu erwartenden konservativen Ecke, sondern auch von postfeministischen Publizistinnen, die behaupten, der Feminismus sei tot. Auf die Idee, dass der Feminismus einfach nur mal auf den neuesten Stand gebracht werden muss, ist bislang offenbar niemand gekommen.

Dabei haben wir freie Hand: Wir können uns den Feminismus doch zurechtzimmern, wie wir es für die heutigen Umstände als angemessen und sinnvoll erachten. Der alte Feminismus hat keine Lösung für das Dilemma »Beruf oder Familie«? Dann muss der neue Feminismus eine finden! Der alte Feminismus will die Frauen stärken, indem er die Männer erst einmal ausschließt? Dann muss ein neuer Feminismus den Männern erklären, warum es auch für sie super ist, wenn wir uns weiterentwickeln.

In Deutschland taucht der Feminismus fast ausschließlich in Gestalt von Alice Schwarzer auf. Sobald es um Frauenthemen geht, wird sie zu einem Interview eingeladen oder als kritische Instanz herangezogen: Der *Spiegel* möchte ein Stück über die Stoiber-Kritikerin Gabriele Pauli bringen? Lassen wir doch die Schwarzer was schreiben, denken sich die Blattmacher. Die *Süddeutsche Zeitung* kritisiert die Casting-Show »Germany's Next Top Model«? Alice Schwarzer würde deren Botschaft nicht mögen, schreibt der Autor. Die *Welt* braucht noch ein islamkritisches Zitat? Da hat doch auch Frau Schwarzer was geschrieben ... Und so weiter. Das ist extrem langweilig.

Alice Schwarzer wurde von den deutschen Medien zur Ikone gemacht. Viele Feministinnen sahen mit Erstaunen zu – weil Alice Schwarzer extrem polarisiert, und zwar nicht nur Feministinnen und Nichtfeministinnen, sondern generell, weil sie ihre Person über die Sache stellt – siehe eine Werbekampagne für die *Bild*-Zeitung, zwischen deren Seiten noch nie auch nur ein Hauch von Feminismus wehte. Leider ist der Feminismus so zu einer Art »Privatsache Alice Schwarzer« geworden. Manche Frauen möchten sich am liebsten ganz von dem Begriff verabschieden, zum Beispiel die Autorin Thea Dorn: Das Wort »Feminismus« schleppe einen unerwünschten Überbau mit sich herum, weswegen dringend ein neuer Begriff gefunden werden müsse. Sie schlägt dann auch gleich mal den Titel ihres Buches, »F-Klasse«, als Alternative vor.

SAG NICHT, DER FEMINISMUS SEI TOT

So voreilig wollen wir den Feminismus aber nicht aufgeben. Es stimmt nicht, dass wir nichts erreichen können, wenn wir mit so einem vorbelasteten Begriff ankommen. Wir sind viel zu verliebt in den Feminismus. Feministinnen sind nicht die männerhassenden, schlecht gekleideten alten Frauen aus dem Klischee. Die Leserin muss nur einmal in den Spiegel schauen und sich fragen, ob sie für Gleichberechtigung ist – und wenn ihre Antwort »Ja!« ist, weiß sie, wie Feministinnen heute aussehen.

Die Vorurteile Feministinnen gegenüber sind genauso bequem wie die Annahme, es sei doch alles in schönster Ordnung. Der Klassiker: »Immerhin gibt es jetzt eine Bundeskanzlerin!« Dieser Satz nervt, ist er doch in den seltensten Fällen als Ansporn gemeint; öfter hat er einen Vorwurf im Schlepptau – dass unsere Bundeskanzlerin der Beweis dafür sei, wir wären bereits gleichberechtigt: »Was wollt ihr denn? Jetzt muss aber mal Schluss sein mit dem Klagen.«

Wir wollen gar nicht klagen, das haben wir hinter uns, gegenüber unseren Freunden, Eltern, Kollegen. Als der männliche Kollege wieder einmal bevorzugt wurde. Als sich der Idiot an der Bar nicht verkneifen konnte, uns an die Brust zu fassen. Als die dritte Freundin wegen der Kinder zu Hause blieb und sagte, dass sie und ihr Freund es eben so beschlossen hätten. Uns jungen Frauen reicht es nicht mehr, immer und immer wieder nur festzustellen, dass etwas falschläuft, aber absolut orientierungslos zu sein bei der Frage, wo wir anfangen sollen, etwas zu ändern. Die Frauengeneration vor uns, Katja Kullmanns »Generation Ally«, erlaubte es sich noch, sich nur verwundert die Augen zu reiben und zu fragen, was denn mit ihrer Welt los sei. Sie waren doch gleichberechtigt erzogen worden und standen nun in einem überhaupt nicht gleichberechtigten Leben.

Katja Kullmann erklärte das »feministische Versagen« ihrer Generation später einmal damit, dass sie viel zu überwältigt von den vielen kleinen Ungerechtigkeiten gewesen sei, als dass sie hopplahopp konkrete Forderungen daraus hätte ableiten können.

Wir können. Wir haben uns das jetzt einige Jahre angeschaut, und es ist eher schlechter als besser geworden. Es gibt sogar wieder echte Kampfzonen: Seit 2004 fordern konservative Feuilletonisten von uns, endlich mehr oder überhaupt mal Kinder zu kriegen. Man wirft uns Hedonismus, Egoismus und Karrierismus vor. Das Gegenteil ist der Fall: Junge Frauen ziehen sich massenweise ins Privatleben zurück, weil der Druck in der Berufswelt steigt und sie stattdessen wieder ihre sogenannte biologische Rolle als Mutter leben wollen. Plötzlich, mit dem ersten Kind, kommt Frauen unseres Alters der Gedanke abhanden, dass man Haushalt und Geldverdienen mit dem Partner auch fifty-fifty teilen könnte. Das Baby wird zum neuen Trend-Accessoire für die Frau, nur um sich wenigstens noch ein bisschen am Leben zu fühlen. Ein Leben, das nur noch aus der Beschaffung der geeigneten Ernährung für das Kind, den besten Windeln, der Bereitstellung der angesagtesten pädagogischen Anregung und dem Austausch und Streit mit anderen Müttern über all das besteht.

Die meisten von uns wollen auch Kinder, sogar ganz freiwillig und ohne finanzielle Anreize aus der Politik. Viele Männer unseres Alters haben den gleichen Wunsch. Gemeinsam mit ihnen wollen wir unser Leben gleichberechtigt managen – jeder verdient die Hälfte des Geldes, jeder kümmert sich zur Hälfte um die Kinder und um den Haushalt. Zwischen uns und diesem Plan stehen nur eine ganze Menge Hindernisse: ungleiche Löhne, fehlende Krippenplätze, gesellschaftliche Rollenmuster und nicht zuletzt wir selbst, wenn wir nichts gegen rückständige Verhältnisse unternehmen, sondern sich jede für sich mit allem arrangiert; wenn wir denken, der Feminismus sei doch was von vorgestern und wir könnten uns auf den Errungenschaften aus vergangenen Zeiten ausruhen.

Können wir nicht. Es gibt noch viel zu viel zu tun. Der Postfeminismus mit seiner Behauptung, wir hätten den Feminismus überwunden, tut nur so, als wären Frauen gleichberechtigt. In Wahrheit bewegen wir uns seit Jahren auf eine Art Präfeminismus zu. Auf einmal soll es wieder salonfähig sein, wenn sich die Frau dem Mann unterordnet, ihre »biologische Rolle« erfüllt, sich aufs Hübschsein konzentriert.

Die Postfeministinnen wollen sich nicht länger als Opfer fühlen. Sie nennen sich emanzipiert, weil sie sich zwar vom Mann das Fahrrad reparieren oder den Koffer tragen lassen, ihn aber ansonsten als Trottel disqualifizieren; weil sie am Wochenende losziehen, um so viel Sex zu haben »wie ein Mann«, also auf Gefühle weitestgehend zu verzichten versuchen, aber trotzdem darauf achten, dem vermeintlichen Beuteschema dieser Männer zu entsprechen. Wenn sie sich die Brüste vergrößern lassen, tun sie das natürlich ausschließlich für sich selbst. Die sogenannte Frauenliteratur ist die bevorzugte Unterhaltung der Postfeministinnen: Romane, die sich in launigem Ton den Problemen moderner Frauen widmen, in denen sich aber im Wesentlichen alles nur darum dreht, einen Mann zu finden. T-Shirts, auf denen »Schlampe« oder »Porno-Star« steht, sollen sagen: »Hey, ist doch alles nur ironisch, wir machen nur Spaß!«

Auch die Strategie, mit der sie den beruflichen Erfolg anpeilen, ist eher diffus: »Och, ich stell mich immer erst mal ein bisschen blöd. Es muss nicht jeder gleich wissen, was ich auf dem Kasten hab. Später sind dann alle überrascht. Funktioniert total gut.« Die Postfeministin geht also davon aus, dass sie es in unserer Gesellschaft leichter hat, wenn alle sie erst mal für doof halten. Und in so einer Gesellschaft will sie leben? Wir nicht.

SEHNSUCHT NACH DEN FÜNFZIGERN

Nach ein paar Jahren »Och, passt schon alles« stehen wir da, und es zeigt sich – besonders krass an der Demografiedebatte, die seit 2004 an allen Fronten leidenschaftlich geführt wird –, dass Mann-Frau-Rollen heute wieder ungestraft ganz traditionell und rückständig gedacht werden können. Und das nicht nur von Feuilleton-Machos und im konservativen Altherren- und -damenlager. Auch unter jüngeren Menschen taucht plötzlich eine Sehnsucht nach Fünfziger-Jahre-Idylle auf. Zum Beispiel schreibt die 1973 geborene Autorin Alexa Hennig von Lange in der *Süddeutschen Zeitung* über die Rollenverteilung in ihrer Beziehung: »Meinem Mann liegt es eben mehr, die Kekse zu essen, als sie zu backen. Während ich sie lieber für ihn backe, als sie zu essen.« Bei solch einem Bekenntnis ist uns eher nach Weinen als nach Lachen zumute.

Offenbar ist die Freiheit, die wir heute in unserer Lebensplanung genießen, nicht so leicht zu handhaben. Deswegen können wir eben nicht sagen: »Alles erledigt. Wir können alles machen, was wir wollen. Also Schluss mit diesem anstrengenden Feminismus-Ding.« Scheinbar automatisch werden wir in alte Rollenmuster gedrängt, vor allem wenn Kinder kommen. Weil wir in den meisten Fällen weniger verdienen als die Männer, bleiben wir zu Hause. Natürlich verteidigen wir ganz im Sinne der neoliberal-individualistischen Stimmung in unserer Gesellschaft diese Entscheidung: dass wir sie gemeinsam mit dem Partner getroffen hätten und wir das selbst auch wollten. Wir könnten auch auf den Tisch hauen, eben weil wir weniger verdienen und deshalb immer wieder in die Familienrolle gedrängt werden. Doch davor schrecken die meisten unserer Generation zurück – huch, bloß nicht auffallen! Also ignorieren wir, dass wir so frei eben doch noch nicht sind und dass es immer noch Ungerechtigkeit zwischen den Geschlechtern gibt. Der Rückschritt ist ein schwer zu bekämpfender Gegner, wenn alle so tun, als gehöre die Welt schon zur Hälfte den Frauen, aber in Wirklichkeit eben nicht alles frei wählbar ist. Der Postfeminismus ist eine hinterhältige Sau.

VON ALPHAMÄDCHEN UND AMAZONEN

Wir wollen wieder Feministinnen sein. Wir müssen. Es ist uns ein Bedürfnis, eine Herzensangelegenheit. Und wir sind sicher, dass Zehntausende, wenn nicht Hunderttausende da draußen sind, die jetzt mit uns gemeinsam die Dinge in Angriff nehmen, die so brutal nerven in ihrer Rückständig- und Ungerechtigkeit.

Das Tolle: Unsere Generation kann den Feminismus ganz neu erfinden. Wir müssen uns von niemandem vor irgendeinen Karren spannen lassen, auch nicht von der alten Frauenbewegung. Die größte Angst ist es ja offenbar, mit einem Klischee in Verbindung gebracht zu werden, das dem Selbstbild so gar nicht entspricht. Doch dem Feminismus geht es um ein gleichberechtigtes Leben von Frauen und Männern. Und genau das wollen junge Frauen auch. Also sind wir Feministinnen. Alle.

Wie wir als Frauen in Zukunft leben werden, versuchte das Hamburger »Trendbüro«, ein »Beratungsunternehmen für gesellschaftlichen Wandel«, schon 1998 vorherzusagen. Vier Frauentypen wurden als maßgeblich für das 21. Jahrhundert ausgemacht: die »smarte Schlampe«, die »Öko-Spiritualistin«, die »neue Hausfrau« und die »moderne Amazone«. Interessante Bezeichnungen, hinter denen sich ganz unterschiedliche Rollenmodelle verbergen: Die »smarte Schlampe« ist die klassische Postfeministin, die ihre Freiheit und Unabhängigkeit genießt, im Nachtleben, in schnell wechselnden Beziehungen – Spaß hat oberste Priorität. »Öko-Spiritualistinnen« suchen nach Halt und dem Sinn des Lebens in der Esoterik, makrobiotischer Ernährung, Meditation und Wohnprojekten. Bezüglich der »neuen Hausfrau« waren die Autoren der Studie der Ansicht, dass sie eine große Gruppe der Frauen ausmachen würde – sie prognostizierten den heutigen Trend also richtig. Die »neue Hausfrau« lebt alte Rollenklischees und versucht, ihnen ein erstrebenswertes Image zu geben. Ihr Ziel ist die High Society.

Wirklich sympathisch sind die Zuschreibungen der »modernen Amazone«: Das Trendbüro nennt sie den innovativsten Frauentyp des 21. Jahrhunderts. Als Pionierin nutze sie neue Arbeitsformen; mit den Möglichkeiten des Informationszeitalters vereinbare sie Berufs-, Sozial- und Privatleben. Sie sei nicht so verbissen wie die Karrierefrau der achtziger Jahre. Sie wolle Selbstverwirklichung, aber nicht um jeden Preis.

Und diese Frau ist Feministin. Sie muss es sein. Um nämlich alle Lebensbereiche unter einen Hut zu kriegen und um uns selbst zu verwirklichen, brauchen wir Gleichberechtigung. Und da wir »modernen Amazonen« sehen, dass es die in vielen Punkten immer noch nicht gibt, gehört zu unserer Pionierarbeit auch das Projekt Feminismus. Denn wenn uns die Hetzerei konservativer Publizisten wie Frank Schirrmacher und Co. nicht nur auf die Nerven geht, sondern wir sie auch für gefährlich halten, hilft kein höfliches Bitten, uns jungen Frauen die Entscheidung für oder gegen Kinder, Mann, Haus, Karriere, Partys etc. doch selbst zu überlassen. Wir müssen auf Augenhöhe zurückschlagen, also: laut werden und auf unsere Rechte bestehen.

FEMINISTINNEN SIND SCHLAU UND SEXY

Feministinnen werden oft weit unter der Gürtellinie angegriffen: »Das ist doch nur 'ne frustrierte Alte, die keinen Mann abbekommen hat« oder »Die ist doch nur Feministin, weil sie so scheiße aussieht«. Wir müssen nicht über das Niveau reden, auf dem sich ein solcher Beitrag bewegt, wir müssen aber darüber reden, wie sehr er dem Feminismus schadet. Je öfter er wiederholt wird, desto eher wird dieses Klischee mit der Realität verwechselt. Und außerdem: Das Aussehen eines Menschen ist niemals ein Argument für irgendwas!

Sicher haben die Feministinnen ihren Teil dazu beigetragen, als viele von ihnen Dinge wie Make-up und körperbetonte Kleidung ablehnten, weil sie sich dem vermeintlich männlichen Schönheitsideal nicht unterwerfen wollten. Jegliche Form von Sexyness war verdächtig, auch wenn sie eine Frau umwehte, die sich voll und ganz dem Feminismus verschrieben hatte. Dass Feministinnen heute nicht sexy sein dürfen, ist aber Quatsch und kann deshalb gern in den Katakomben der Irrtümer verschwinden. Der Punkt ist: Jede darf aussehen, wie sie will – und wenn eine Frau sich aufhübscht, darf ihr das niemand verbieten mit dem Hinweis, sie würde die Sache der Frauen verraten.

Das Anti-Sex-Ding hat sich genauso hartnäckig gehalten. Dieses Klischee ist nicht zuletzt dadurch entstanden, dass die Feministinnen der siebziger Jahre davon ausgingen und aufgrund ihrer Erfahrungen zum Teil auch davon ausgehen mussten, beim Sex herrsche der Mann über die Frau. Inzwischen hat sich zum Glück einiges geändert. Sex bedeutet nicht mehr zwangsläufig Dominanz des Mannes und Unterwerfung der Frau. Dass der Mann seinen Penis in die Frau steckt, ist nun mal den biologischen Gegebenheiten geschuldet, bringt aber nicht automatisch Machtansprüche mit sich. Der neue Feminismus geht mit dem Thema Sex entspannter um. Feministinnen sind heute eher für viel Sex und für guten Sex. Weil sie ihre Körper mögen und deswegen gern spaßige Dinge damit anstellen. Weil sie sagen, welche Sexwünsche sie haben. Weil sie manchmal auch Lust auf Sex mit einem ein paar Stunden zuvor noch unbekannten Mann haben und sich deswegen nicht wie eine Schlampe fühlen wollen, sondern einfach nur wie eine Frau, die Sex hat. Wir Feministinnen lassen uns nichts einreden.

Wir wollen aber auch nicht länger auf irgendwelchen Sockeln herumstehen. Nicht auf dem Sockel, den manche Altfeministinnen errichtet haben, um darauf die Frau, das grundsätzlich bessere Geschlecht, zu präsentieren. Nicht auf dem Sockel, den verklärte Zeitgenossen aufstellen, um die reine, unschuldige, nachgiebige Frau in Zement zu gießen. Wir wollen kein Frauen-Ghetto, in dem wir vor der bösen Männerwelt beschützt werden: im Beruf vor Konkurrenz, vor Verantwortung und Respekt; im Privaten davor, als sexuell aktive Frau mit körperlichen Bedürfnissen wahrgenommen zu werden.

Wir Frauen von heute, wir Alphamädchen, wollen aber auch keinen Ego-Feminismus, als den die *Tageszeitung*-Redakteurin Heide Oestreich sehr treffend die Meinung kritisierte, jede Frau solle erst mal bei sich selbst anfangen. Das Einzige, was jede Frau für sich selbst erledigen muss, ist, die Erkenntnis zu gewinnen, dass etwas getan werden muss. Alles andere machen wir dann gemeinsam. Gemeinsam mit den Frauen. Gemeinsam mit den Männern.

FEMINISTEN GESUCHT

Weil sich der neue Feminismus grundsätzlich gegen jedes Geschlechtervorurteil richtet, kämpft er automatisch für die Männer mit. Und die lassen sich leicht dafür begeistern, dem dumpfen, rülpsenden, sexgierigen Klischee des Mannes etwas entgegenzusetzen. In der aktuellen Debatte darum, wie Frauen und Männer heute sein sollen, kämpfen moderne Männer dafür, dass auch sie verständnisvolle, engagiert ihre Kinder umsorgende Partner sein dürfen. Ihrer Haltung steht die Behauptung gegenüber, das liege nicht in der Natur des Mannes, vielmehr in der der Frau. Von der Angst getrieben, »wahre Männlichkeit« könnte es bald nicht mehr geben, beschwört die Altherrenriege der Journalisten, Henryk M. Broder, Frank Schirrmacher und Matthias Matussek, leidenschaftlich den Untergang der Männer – an dem die Emanzipation schuld sei. Da schreibt Broder im *Spiegel* unter der Überschrift »Endstation: Apartheid«, dass Frauen und Männer sich zueinander verhielten wie zwei nicht kompatible Betriebssysteme, und Schirrmacher behauptet in der *Frankfurter Allgemeinen Zeitung*, die Frauen würden die Bewusstseinsindustrie übernehmen, ohne dass die Männer es mitbekämen. Das alles liest sich so heulsusig, dass wir Feministinnen uns geradezu genötigt sehen, für den modernen Mann mitzukämpfen. So wie der für uns moderne Frauen kämpft, indem er unsere Sorgen ernst nimmt und sich dafür einsetzt, dass wir gleichberechtigt leben können.

Bei Freunden erleben wir in Gesprächen immer wieder die gleiche Entwicklung, die sie auch mal locker zwischen zwei Bieren durchmachen: zuerst kurze Irritation, »Aha, du bist also Feministin«, dann echtes Interesse, »Neulich hab ich eine Studie gelesen, dass …«, und zum Schluss kämpferische Unterstützung, »Finde ich total super«. Weil auch sie verstehen, dass es nicht so etwas wie eine biologische Bestimmung gibt, irgendwelche Sonderrechte für eine Hälfte der Menschheit, nur weil sie zufällig als Mann geboren wurde. Und weil sie begreifen: Sie bekommen Freundinnen, die grundsätzlich auf sich selbst aufpassen können, die finanziell auf eigenen Beinen stehen, die sie bei Familienfragen mitreden lassen, die niemals fragen: »Findest du mich zu dick?«, die Spaß am Sex haben, Spaß am Leben.

Die Anziehungskraft zwischen Mann und Frau geht nicht verloren, wenn sich die Geschlechterrollen einander annähern, wenn Männer auch mütterlich sein dürfen und Frauen auch kerlig. Im Gegenteil: Männer, die selbstbewusst neue Rollen ausprobieren, sind sehr sexy. Der moderne Mann, der althergebrachte »Männlichkeitsrituale« kritisch hinterfragt, hat sich nur noch nicht als Role Model durchgesetzt. Zu verlockend finden es manche Menschen noch – nicht nur Männer, auch Frauen –, fortschrittliche Männer als »Weichei«, »Warmduscher« oder »Lusche« abzuqualifizieren. Aber wir mögen diese Männer, und wir wissen, dass neue Frauen neue Männer brauchen, um ihren Plan von wirklicher Gleichberechtigung umsetzen zu können. Die Typen, die jetzt noch jammern, weil sie sich von den Frauen bedroht fühlen, werden sich ändern müssen. Oder eben leer ausgehen.

Doch die Männer sollen nicht zum Feind gemacht werden. Das mag manch eine bedauern, weil die Dinge immer klarer zu sein scheinen, wenn wir wissen, gegen wen wir kämpfen. Doch die Männer sind es nun definitiv nicht. Worum wir allerdings nicht herumkommen: ihnen zu erklären, warum sie nicht länger auf ihren Privilegien beharren können. Sie werden uns vielleicht nicht freiwillig die Hälfte ihrer Welt überlassen wollen, aber möglicherweise fällt es ihnen leichter, wenn wir ihnen im Tausch die Hälfte der angeblich weiblichen Welt zur Verfügung stellen: mehr Zeit mit den Kindern, mehr Raum für Familie. Vielleicht sind die Männer sogar erleichtert, wenn wir ihnen anbieten, ab sofort gemeinsam dafür zu sorgen, dass wir unsere Familie ernähren können. Miteinander zu reden ist auf jeden Fall ein sehr guter Anfang.

Frauen und Männer sollten weniger gegeneinander, sondern mehr miteinander gegen biologisch begründete Geschlechterklischees kämpfen, gegen all den »Frauen können nicht einparken und Männer nicht zuhören«-Mist, der trotz aller entgegengesetzten wissenschaftlichen Erkenntnisse so beliebt ist. Die britische Soziologin Dianne Hales hat etwas ausgesprochen, das uns Maxime sein sollte: »Die Unterschiede zwischen Frauen und Männern sind genau das: Unterschiede. Keine Zeichen für irgendwelche Defekte, Schäden oder Krankheit.«

Wir sollten Unterschiede zwischen Frauen und Männern einfach als natürliche Vielfalt sehen und nicht gegeneinander ausspielen. Die meisten Studien über spezifisch weibliches und männliches Verhalten zeigen, dass die Unterschiede zwischen Frauen untereinander und die unter Männern größer sind als die zwischen den Geschlechtern.

FEMINISTINNEN HABEN MEHR SPASS

Es gibt also sehr viele und sehr gute Gründe für den Feminismus. Er muss offen für alle sein, nicht nur für Frauen und Männer, sondern auch für Menschen mit unterschiedlichen Ansichten zu einzelnen Fragen in Sachen Feminismus. Der alte Feminismus hat sich oft schwergetan damit, abweichende Meinungen zu tolerieren oder auf Frauen zuzugehen, die in einzelnen Punkten anderer Auffassung waren. Sicherlich musste eine Bewegung damals ein ganzes Stück weit autoritär sein, um sich durchsetzen zu können. Doch damit hat es uns der Feminismus auch schwer gemacht, ihn auf diese Art wirklich zu mögen.

Wir gehen jetzt die ersten Schritte, ohne dabei den Anspruch zu erheben, den Weg der Wahrheit von Anfang an zu kennen. Wir werden sogar immer mal wieder nachjustieren müssen. Diese Flexibilität ist keine Schwäche, sondern wird zur Stärke, wenn sich wieder mehr junge Frauen mit dem

Ding »Feminismus« identifizieren können. Die Floskel »Ich bin ja keine Feministin, aber ...« wird es dann bald nicht mehr geben – weil sich jede Frau gut fühlen kann bei den Worten »Ich bin Feministin«. Es schwingt darin mit, dass sie ein mündiger Mensch ist, sich mag, was im Kopf hat, über sich selbst lachen kann. Dass sie Spaß am Leben hat.

WIE WIR WERDEN, WAS WIR SIND

Jede von uns ist sich ziemlich klar darüber, was eine Frau ist und wie sich das anfühlt. Diese Vorstellung setzt sich aus vielen Faktoren zusammen: Erziehung, Vorlieben, Erfahrungen und eine Menge Klischees aus Literatur, Film und Fernsehen erzeugen ein Bild in unseren Köpfen, das uns mit der Zeit zum Maßstab wird. So entwickeln wir eine eigene geschlechtsbezogene Identität. Wer wir sind und wie wir die Menschen um uns herum ordnen, hängt besonders stark davon ab.

Das Verständnis, das wir von den Geschlechtern haben, basiert nach wie vor stärker auf ihren vermeintlichen Gegensätzen als auf Gemeinsamkeiten. Jedes Kind erwirbt sie durch Lob und Tadel für sein Verhalten. Kleine Mädchen bekommen Anerkennung, wenn sie höflich, ordentlich und hübsch sind. Von kleinen Jungs wird eher erwartet, dass sie sich unternehmungs- und rauflustig benehmen. Dass Eigenschaften je nach Geschlecht unterschiedlich bewertet werden, setzt sich bis ins Erwachsenenleben fort und ist das eigentliche Problem.

Genau genommen kann nämlich jede Eigenschaft, die wir reflexhaft auf Männer übertragen, auf Frauen genauso zutreffen. Letztlich verlieren wir an Freiheit, wenn wir uns immer nur an angebliche Geschlechtsunterschiede halten, statt sie zu hinterfragen. Es ist also ungemein wichtig, dass wir darüber nachdenken, wie wir uns selbst definieren, was Weiblichkeit für uns eigentlich bedeutet.

Sie hat jedenfalls mit mehr als Menstruation zu tun. Schließlich gibt es genügend menstruierende Menschen, die sich selbst als Mann wahrnehmen. Und umgekehrt genügend Menschen, die zwar einen Penis zwischen den Beinen haben, denen aber ein gutes Paar Brüste lieber wäre. Die Genderforschung unterscheidet schon lange zwischen biologischem und sozialem Geschlecht sowie zwischen Geschlecht und Geschlechtsidentität. Dabei geht es darum, welche Mädchen-/Jungsanteile angeboren sind und welche erlernt; was davon rein physisch ist und wie viel auf unserer Psyche basiert.

Diese Differenzierung ist notwendig, scheint aber bei den wenigsten Menschen angekommen zu sein. Die mediale Berichterstattung über das Thema Frauen und Männer erinnert jedenfalls bisweilen an die Zeiten, als die Erde noch als Scheibe galt: Frauen sind sensibel, Männer analytisch. Frauen haben Gefühle, Männer Hobbys. Frauen können gut mit Menschen, Männer besser mit Werkzeugen umgehen. Frauen brauchen in ihrer Wohnung alles hübsch, Männer hauptsächlich einen Kasten Bier. Frauen träumen von der großen Liebe, Männer von den Brüsten der Nachbarin. Frauen brauchen das lange Vorspiel, Männer werden am liebsten in drei Minuten fertig. Frauen können nicht einparken, Frauen gehen shoppen, wenn sie Frust haben, Frauen wollen nicht viel vom Leben, vielleicht ein Paar Schuhe von Louboutin, aber ganz bestimmt ein Kind. Wenn sie lieber oder zumindest auch Erfolg wollen, sind sie »Karrierefrauen«, was beim Aussprechen einen schalen Geschmack im Mund hinterlässt. Schon mal das Wort »Karrieremann« gehört? Weiter: Frauen stehen also auf Accessoires, außerdem auf Duftkerzen und kleine Tiere, Männer werden nur gegen ihren Willen zum Einkaufen gezwungen, darüber hinaus wären sie am liebsten Homer Simpson oder wenigstens Al Bundy. Frauen reden und reden und reden dauernd und vor allem über die Liebe. Männer lieben vor allem den Sport, die Spielkonsole und das Dosenbier.

DIE SEHNSUCHT NACH DER HÖHLE

Nichts wird in unserer Kultur so streng unterteilt, besetzt und bewertet wie die Geschlechter und die Rollen, die sie zu spielen haben. Jeder Hanswurst vom Eck, egal aus welcher Einkommens- oder Bildungsschicht, hat irgendeinen Überbau für die Frau und den Mann an sich. Über andere Völker oder Berufsgruppen würde sich kein halbwegs kultivierter Mensch erlauben, so vorurteilsbeladen daherzureden, wie es selbst manche seriösen Wissenschaftler über die Geschlechter tun.

Das ist nicht erst seit gestern und Büchern wie »Männer sind vom Mars, Frauen von der Venus« so. Die Dualität der Geschlechter hat die Menschen in den allermeisten Gesellschaften schon immer fasziniert. Lange Zeit galten die Unterschiede zwischen Mann und Frau und die damit verbundenen Machtverhältnisse als göttlich gegeben und somit legitim. Schon Pythagoras teilte die Welt ein in ein helles, gutes, männliches und ein schwarzes, schlechtes, weibliches Prinzip. Die Bibel erklärte Eva zum Produkt aus Adam beziehungsweise einer seiner Rippen.

Nach der Aufklärung und mit der zunehmenden Verwissenschaftlichung des Denkens nahm die Natur den Platz von Gott als Quelle der gesellschaftlich-kulturellen Ordnung ein. Im westlichen Kulturkreis etablierte sich das Bild von der Frau als naturhaftem, ursprünglichem, weil ja gebärendem Wesen. Die Romantiker kritisierten mit Vorliebe das Artifizielle, Dekorative der Weiblichkeit – Kosmetik, »künstliche« Gesten – und forderten eine Rückkehr zur Natürlichkeit. Erst im 20. Jahrhundert setzte sich unter dem Einfluss von Psychoanalyse, Soziologie und Philosophie der Gedanke durch, dass ein Mensch auch in seinem geschlechtsspezifischen Verhalten in erster Linie Produkt seiner Umgebung sein könnte und nicht irgendeines angeborenen Verhaltensmusters. Dieser Perspektivenwechsel bezog sich auf alle möglichen Unterschiede innerhalb der Gesellschaft, also auch auf Klassen, Ethnien und Religionen. Ganz besonders kam er aber den Frauen zugute: Wer sie in den Siebzigern als qua Geburt häuslich, warm und mütterlich stilisieren wollte, entlarvte sich als reaktionär, weil es in breiten Bevölkerungsschichten als Konsens galt, dass jeder sein Verhalten von den Frauen und Männern um sich herum abgucke.

Heute scheint es, als wäre die Entwicklung seitdem wieder zurückgerollt. Immer öfter müssen wir uns Ergüsse von christlich-konservativen Fundamentalisten wie der ehemaligen Fernsehmoderatorin Eva Herman oder dem Augsburger Bischof Walter Mixa, der berufstätige Mütter mit »Gebärmaschinen« verglich, anhören. Die mediale Aufmerksamkeit, die sie erhalten haben, ist Symptom eines Diskurses, der den Menschen in letzter Konsequenz auf seine Geschlechtlichkeit reduziert und damit sein Schicksal auf die Biologie. Alles, was wir tun, dient demnach dem Selbst- und Arterhaltungstrieb. Das hat Folgen, und die wichtigste ist die Festschreibung von angeblich geschlechtstypischem Verhalten. Denn wenn es die Rollenverteilung schon in den Höhlen gab, wird sie schon ihre Richtigkeit haben. Fragt sich nur, ob die Steinzeit wirklich Paradigmen für das 21. Jahrhundert setzen sollte.

Für Frauen bedeutet das, dass sich ihre Identität auf eine unendliche, anti-individualistische Spirale der standardisierten Mütterlichkeit beschränken soll. Und die Männer schnürt der Zeitgeist in das langweilige alte Korsett von

Erfolgsdruck, Mucki-Zwang und Anti-Fürsorglichkeit. Der biologistische Backlash tarnt sich mit der Rationalität der Naturwissenschaft. Doch in Wirklichkeit ist er genauso männerfeindlich wie frauenverachtend – denn wir alle werden hier festgebunden. Nur werden leider die Frauen in ihren Möglichkeiten wieder einmal stärker beschnitten.

Dieser Trend ist nicht nur bei rechts-konservativen Familienaktivisten zu beobachten. Auch die aufgeklärten Mainstream-Medien propagieren seit einigen Jahren einen biologischen Determinismus in abgeschwächter Form. Wenn ein Neurowissenschaftler dem freien Willen wieder einmal seine Existenz abspricht, hagelt es aus jedem Feuilleton fundierte Gegendarstellungen. In der Geschlechterfrage, die unser Selbstbestimmungsrecht als Individuen genauso betrifft, sieht es leider anders aus. Studien, die angeblich beweisen, dass Männer entweder zwanghaft fremdgehen oder eigentlich doch viel eher zur Treue neigen als Frauen, sind die Lieblingskinder der Berichterstattung. Auch solche Meldungen sprechen dem Menschen die Autonomie in seinem Sexual- und Gefühlshaushalt ab. Dennoch gibt es kaum Gegenbewegung, und zwar aus folgenden Gründen:

Erstens profitieren alle davon. Die Forscher bekommen Aufmerksamkeit, die Wissenschaftsjournalisten Auflage, und die Leserinnen und Leser freuen sich, weil sie wieder eine amüsante Parallele zum eigenen Triebleben entdeckt haben. Liebe, Sexualität und das andere Geschlecht faszinieren ja nicht nur, weil sie so glücklich machen – sondern weil nach wie vor keiner wirklich versteht, wie das alles funktioniert.

Zweitens und noch viel wichtiger: Es ist so wunderbar bequem, alles auf die Biologie abzuwälzen. Die hormonelle Letztbegründung entbindet uns von der Mühe, Geschlechtsidentitäten zu hinterfragen oder gesellschaftliche Veränderungen anzustreben, die unserem Zivilisationsgrad entsprechen.

Viel ist die Rede von Urinstinkten und Steinzeitgehirnen.

Die Neuropsychiaterin Louann Brizendine etwa hat ein ganzes Buch darüber geschrieben, dass Frauen in ihren Emotionen und Verhaltensweisen vor allem durch ihre spezifisch weiblichen Gehirnstrukturen festgelegt sind. Ein eigener, freier Wille taucht in ihrem Buch nicht auf. Dabei lässt sie aber vollkommen unerwähnt, wie sehr das hochflexible Gewebe des Gehirns sich an die Belastungen anpasst, denen es von außen ausgesetzt wird. Lieber schreibt Brizendine ausführlich über verschiedene Hormonwellen, die durch das Gehirn schwappen: In der Pubertät schwemmen sie das junge Mädchen in unausstehliche, verzogene Anwandlungen. Später veranlassen sie die bindungswillige und in ihrem Beispiel auch enorm selbstständige und erfolgreiche Frau, sich nach einem auf jeden Fall älteren Mann mit super Status zu suchen. Die Gene wollen es so. Dass die jeweilige Erziehung oder Persönlichkeit diese Verhaltensweisen möglicherweise mit beeinflusst, wird unter den Teppich gekehrt, es passt ja auch nicht in die Geschichte, die das Buch erzählt.

Brizendine verwendet ihre Erkenntnisse, um unausgeglichene oder depressive Mädchen und Frauen zu therapieren. Sicherlich hat sie damit vielen Frauen etwas Gutes getan. Nur ziehen Leserschaft und Medien aus ihrer rein biologischen Perspektive leider extrem kurze Rückschlüsse. Frauen haben einen Menstruationszyklus, der den Hormonhaushalt permanent in Bewegung hält – daher müssen sie von Natur aus unausgeglichen sein. Frauen haben empfindliche Oxytocin-Rezeptoren, deswegen sind sie fürsorglich. Frauen wollen Konflikte vermeiden, weil ihr Urzeitgehirn ihnen beigebracht hat, dass es gefährlich ist, allein zu sein. So wird jedes einzelne Klischee noch einmal bestätigt und scheinbar wissenschaftlich untermauert. Dass tatsächlich genauso viele Männer ganz schöne Konfliktängstlinge sind, dass es enorm unmütterliche Frauen gibt und viele, die es bevorzugen, allein zu leben, kann die Biologie nicht nach den üblichen Schemata erklären. Und deswegen wird all das in populären Medien einfach weggelassen.

Das Problem an solchen Büchern ist, dass sie den Anschein erwecken, auf neutralen Beobachtungen zu basieren. Doch gerade bei einem Gebiet, das so sehr von kulturellen Vorstellungen normiert ist wie die Geschlechter, kann es gar keine Neutralität geben. Auch Wissenschaftler haben – wie alle Menschen – ihre kulturell vorgefertigten Stereotypenförmchen, auf die sie sich berufen, wenn sie etwas als »typisch weiblich« oder »typisch männlich« bezeichnen. Daran sollten wir immer denken, wenn wissenschaftliche Ergebnisse als absolute Wahrheiten verkündet werden.

Dieser Sachverhalt macht sich daran bemerkbar, dass ganz ähnliche Studien zu ganz unterschiedlichen Ergebnissen führen können. Möglicherweise sind die Unterschiede zwischen den Geschlechtern nämlich sehr viel geringer als angenommen. So verglich zum Beispiel die US-amerikanische Statistikerin Janet S. Hyde 2006 in einem speziellen Datenerhebungsverfahren das Verhalten von Frauen und Männern auf allen möglichen Gebieten – sportlicher, emotionaler, professioneller und sexueller Natur. Nach ausführlichen Berechnungen stellte sie fest, dass die einzig bedeutsamen Differenzen zwischen Mann und Frau qualitativ beim Werfen und quantitativ beim Masturbieren liegen.

BIOLOGISMUS ESSEN FREIHEIT AUF

Ständig muss die Natur herhalten für die Behauptung, die Geschlechter seien nun mal so – und ihre traditionelle Rollenverteilung sei durchaus nicht aus sozialen Gründen historisch gewachsen, sondern von der Biologie schon so gewollt. Was uns da suggeriert wird: Es kommt nicht darauf an, wie der Einzelne leben oder sein will. Er ist seinen Genen sowieso ausgeliefert. Klingt gruselig nach Freiheitsberaubung, oder? Und das Schlimme ist: Hier geht es nicht einfach um eine theoretische Diskussion, sondern letztlich um politische Aussagen.

Die schaden vor allem uns jungen Frauen. Insgesamt kommen die Männer ziemlich gut weg – nicht zuletzt weil ihre grundsätzlich dominante Rollenzuschreibung durch das biologistische Narrativ verstärkt wird: Natürlich muss die Frau muttern, natürlich ist der Mann eher auf Territorialverhalten ausgerichtet, natürlich wollen kleine Mädchen Prinzessinnen sein und kleine Jungen mit Waffen spielen.

Das ist einfach ungerecht. Gegenüber den Frauen, denen ein erfülltes Berufsleben oder ein schnittiger Sportwagen für das eigene Leben wichtiger ist, als Kinder zu gebären. Gegenüber den Mädchen, die lieber Feuerwehr oder Jagen spielen wollen, und den Jungs, die vor allem eins im Leben möchten: Babys haben.

Schon klar: Hormone, Gene und Gehirnwindungen sind nicht vollkommen nebensächlich. Sie spielen eine wichtige Rolle, aber wir dürfen uns um unserer Freiheit und Individualität willen nicht auf sie reduzieren lassen. Simone de Beauvoir ahnte nichts von dem Human-Genom-Projekt und dem heutigen Diskurs, als sie 1949 in ihrem revolutionären Werk »Das andere Geschlecht« schrieb:

»Ihre Situation (...) ist es, die den Charakter der Frau bestimmt. *Sie macht sich in der Immanenz breit*, sie ist ein Widerspruchsgeist, sie ist schlau und kleinlich, sie hat keinen Sinn für Wahrheit, für Genauigkeit, sie ist unsittlich, sie ist auf niedrige Vorurteile bedacht, sie lügt, sie schauspielert, sie ist selbstsüchtig (...). An all diesen Behauptungen ist etwas Wahres. Nur wird ihre Verhaltensweise, die angeprangert wird, der Frau nicht von ihren Hormonen zudiktiert, noch ist sie in den Fächern ihres Gehirns vorgebildet: Im Großen und Ganzen werden sie ihr durch ihre Situation gegeben.«

WEIBLICH HEISST NICHT NICHT-MÄNNLICH

Wie wir werden, was wir sind, ist also nicht im X-Chromosom Nummer zwei festgelegt. Unser Weg ist auch nicht einfach eine schwächere Version der männlichen Entwicklung. Dass wir das mit Bestimmtheit sagen können, ist nicht so selbstverständlich, wie man meinen könnte, sondern der feministischen Revision der Psychoanalyse zu verdanken. Sigmund Freud, ihr Begründer, sah nämlich die Entwicklung der weiblichen Identität und Sexualität als reine Variation des männlichen Wegs. Im Mittelpunkt stand dabei als Objekt des Selbstbewusstseins und der Begierde der gute alte Phallus. Nach Freuds Theorie wertet der Sohn seine Mutter und damit das Weibliche ab, in dem Moment, da er erkennt, dass sie im Gegensatz zu ihm keinen Penis besitzt. Die Begründung: Der kleine Junge denkt, sie sei kastriert, und fürchtet, selbst so zu enden. In derselben Phase wendet sich das Mädchen dem Vater zu, weil es sich selbst als kastriert wahrnimmt und das durch Assoziation mit dem Mann ändern möchte. Als es versteht, dass der Papa ihm keinen Penis schenken wird, erkennt es seine Weiblichkeit an und versucht, sich per heterosexueller Unterwerfung den Penis anzueignen. Psychologisch gesehen ist die Frau bei Freud nicht viel mehr als ein kastrierter Mann.

Nun war Freud ja selbst – ein Mann. Es ist also nicht besonders verwunderlich, dass er sein eigenes Geschlecht in den Mittelpunkt stellte. Zudem lebte er um die Wende des 19. zum 20. Jahrhundert, als Frauen generell für unselbstständige Wesen gehalten wurden. Und er hatte nach eigener Aussage ohnehin wenig Ahnung von ihnen. Trotzdem galt seine Theorie für sehr lange Zeit als das Standardwerk zur Herausbildung der sexuellen Identität.

Erst feministische Analytikerinnen wie Luce Irigaray und später Nancy Chodorow entwickelten Theorien, die die Frau aus dem Penisneid führten und ihr eine eigenständige Entwicklung zugestanden. In ihrem Buch »Das Erbe der Mütter« beschreibt Chodorow die Genese von weiblicher Fürsorglichkeit und unsere Vorliebe für zwischenmenschliche Beziehungen als Ergebnis des mütterlichen Einflusses. Vereinfacht gesagt: Aus Angst vor dem Inzesttabu drängt die Mutter den Sohn aus der intensiven Zweierbeziehung mit ihr zu seinem Vater. Der Verlust traumatisiert den Jungen, und als Gegenreaktion beginnt er sich mit der Männlichkeit zu identifizieren. Dazu gehört als erster Schritt die Herabsetzung des Weiblichen. Der Junge lernt, sich über die Abgrenzung von anderen zu definieren – und setzt dieses Verhalten später in seinem eigenen Familienhaushalt fort. Die Tochter dagegen bleibt aufgrund ihres Geschlechts enger mit der Mutter verbunden und identifiziert sich mit ihr nicht infolge von Ablehnung, sondern von Übereinstimmung. Ihre Identität formiert sich somit durch Beziehungen und Anpassungen an andere. Diese Entwicklung mündet nach Chodorow bei der erwachsenen Frau in Fürsorglichkeit und Mutterverhalten.

Dieses Psychoanalyse-Modell hat seine Schwächen und ist teilweise überholt. Es ist heute wissenschaftlich belegt, dass Männer mit entsprechender Sozialisation zur Fürsorglichkeit genauso fähig sind wie Frauen – sie schütten sogar dasselbe Kümmerhormon Prolaktin aus! Wichtig ist daran aber, dass Weiblichkeit nicht mehr als »kleine, kastrierte Männlichkeit« wahrgenommen wird, sondern als unabhängig und eigenständig.

LATZHOSEN UND RÜSCHENKLEIDER

Nun sind solche Theorien nur eingeschränkt hilfreich, wenn es um die individuelle Identität geht. Schließlich erinnert sich kaum jemand an die eigene ödipale Phase. Aber wenn wir zurückdenken, stellen wir fest, dass uns seit unserer Kindheit beschrieben wurde, was Mädchensein heißt. Wir verhalten uns – bewusst oder unbewusst – so, wie man es von uns als Mädchen oder Frauen erwartet. Wenn wir ehrlich sind, erwarten wir von uns selbst und unseren Geschlechtsgenossinnen auch eine Menge: wie sie auszusehen, sich zu kleiden, sich zu verhalten haben. Und doch steckt in fast jeder von uns das ungeheure Verlangen, auch mal auf die andere Seite zu wechseln, dahin, wo die wilden Kerle toben dürfen. Während Medien gern das Bild transportieren, das Leben eines kleinen Mädchens bestünde aus einem einzigen puderzuckrig-rosafarbenen Puppentraum, haben Feministinnen von Simone de Beauvoir bis Alice Schwarzer immer wieder darauf hingewiesen, dass das Gegenteil der Fall ist: In gewisser Weise führen die meisten von uns von Kindheit an ein dauerndes Gefecht um unsere Geschlechtsidentität.

Dass wir Mädchen sind und wie Mädchen aussehen, markiert bereits die rosa oder maximal pastellgelbe Farbe des Strampelanzugs, den wir als Säuglinge tragen. In den folgenden Jahren bemerken wir, dass Erwachsene uns mit Zöpfchen ganz besonders schnuckelig finden. Von ihnen, den anderen Kindern und den Spielzeuggeschäften lernen wir, dass Prinzessinnenkostüme, Glitzer und Puppen, die sogar Pipi können, kleine Mädchen besonders glücklich machen. Junge oder Mädchen sein drückt sich schon früh über die Konsumgüter aus, mit denen man uns umgibt. Gefördert wird die frühe Ausdifferenzierung der Geschlechter massiv von der Spielzeugindustrie – die weltweit einen Umsatz von etwa 50 Milliarden Euro im Jahr macht. Auch die Computerspielbranche, deren Kunden hauptsächlich männlich sind, macht sich kulturelle Geschlechtsdifferenzen zunutze. In den letzten Jahren werden hier verstärkt junge weibliche Käufer angeworben: mit scheinbar mädchenfreundlichen Spielen wie etwa »My Boyfriend«, wobei sich Spielerinnen den Jungen ihrer Träume angeln können.

Spätestens ab der Grundschule durchlaufen kleine Mädchen dann unterschiedliche Entwicklungen: Die »Pferdemädchen« bleiben lieber unter sich, spielen hübsche Spielchen, schmieden ihre ersten weiblichen Intrigen (oh, die Geheimnisse, die Lästereien!) und hegen ihren männlichen Klassenkameraden gegenüber ein gewisses Unbehagen. Die Wildfänge dagegen klettern auf Bäume, prügeln sich und können überhaupt keinen Unterschied zwischen sich und den Jungs feststellen, außer dem, dass sie doch nirgends so ganz dazugehören. Zwar sind sie beliebter bei den Jungen, doch dafür werden sie von den Pferdemädchen mit Ausschluss bestraft.

Aber auch das wildeste Mädchen ist kein Junge, und das bekommt es zu spüren – von den Eltern, die ein höheres Maß an Ordnung und Hausaufgabenfleiß verlangen als von seinen Brüdern, und von den Jungen, die jederzeit den Zutritt zu ihrer Welt versperren können, wenn sie wollen: Ohne Jungs keine Jungsspiele. Und in fast jedem kleinen Cowboymädchen steckt auch eine Prinzessin, die manchmal herauswill. Dieser Grenzgang zwischen den Geschlechtern ist aufregend und frustrierend zugleich, sorgt letztlich aber für ein geschmeidigeres Verständnis der eigenen Identität: Mädchen sein heißt dann nicht nur Harmonie und Plüsch, sondern auch Autos und Konflikt. Und damit ultimativ mehr Gestaltungsfreiheit im eigenen jungen Leben.

BRÜSTE, BINDEN, BOYS

Wenn die Pubertät einsetzt, beschäftigen wir uns in erster Linie nur noch mit dem eigenen Geschlecht. Entweder wir bekommen urplötzlich und vollkommen zusammenhanglos Brüste – oder warten gefühlte Jahrzehnte lang und mit zunehmender Verzweiflung auf sie. Wir kaufen uns Binden und Tampons, manchmal Monate oder Jahre bevor wir sie tatsächlich brauchen, und diskutieren mit unseren Freundinnen über Körperflüssigkeiten und Unterwäsche. Überhaupt werden unsere Freundinnen jetzt zu unserem Lebensmittelpunkt. Wir richten den Hauptanteil unserer Emotionen auf sie, haben Angst vor ihnen und wollen sie berühren, werden eifersüchtig oder genervt, wenn sie sich anders verhalten, als wir es wünschen. Jungs sind für uns lediglich Objekte ohne Eigenleben, die wir entweder gar nicht wahrnehmen oder nur als Projektionsfläche für unsere Wünsche. Doch nach einiger Zeit kommen dann doch die ersten Beziehungen zustande, und plötzlich betreten sie unsere Sphäre. Und jetzt geht es so richtig los: Denn was ein ordentliches Mädchen und einen ordentlichen Kerl ausmacht, wird nirgends so gern und so rigide festgelegt wie auf dem Feld der Sexualität. Auf kaum einem Gebiet der persönlichen Entfaltung beeinflussen uns Codes und Regeln so sehr wie hier.

Auf die Feststellung, dass eine der Hauptantriebskräfte des jungen Menschen seine Libido ist, können sich vermutlich die meisten einigen. Für Jungs in der Spätpubertät gilt daher das Gebot, sich entweder so früh wie möglich eine Freundin zuzulegen oder aber möglichst viele Mädchen dazu zu bringen, möglichst weit zu gehen. Für Mädchen steht die erste Option genauso offen – die zweite bringt sie schnell an den Rand der sozialen Ächtung. Ein Mädchen hat, das muss so deutlich gesagt werden, nach wie vor nicht dieselbe Freiheit zur sexuellen Selbstfindung wie ein Junge.

Ein gutes Stück sind wir daran selbst schuld. Viele Mädchen begegnen ihren Geschlechtsgenossinnen mit einer giftigen Mischung aus Neid und Verachtung, wenn diese sich mit unterschiedlichen Jungs vergnügen. Warum? Weil Mädchen genauso wild auf Erfahrungen und Geschichten aus sind wie Jungs, ihr Umfeld ihnen aber stets suggeriert, dass sie darauf kein Recht haben, sondern mit Sanktionen rechnen müssen. Unser Geschlecht wird traditionell zur Eilfertigkeit erzogen. So beginnen wir selbst zu sanktionieren, noch bevor es die »Gesellschaft« tut – und werden damit zu Agenten der eigenen Unterdrückung. Klingt spätmittelalterlich, ist es leider auch und setzt sich durch unsere ganze Biografie fort.

Ein Junge, der früh und mit wechselnden Partnerinnen Geschlechtsverkehr hat, avanciert dagegen im Normalfall binnen kürzester Zeit zur Nummer eins der begehrten Objekte. Die Mädchen, die sich mit ihm einlassen, sehen ihn nicht als willige Schlampe, sondern werden meistens von der tiefen, vollkommen ungerechtfertigten Hoffnung getrieben, die eine Besondere zu sein. Diejenige, die es schafft, ihn zu binden. Verfügt ein Mädchen über das gleiche Ausmaß an schwer kontrollierbaren Lustimpulsen, verschafft es sich Bestätigung durch verschiedene sexuelle Kontakte, wird es von allen Seiten abgewertet. Ein Mädchen, das lernen wir in dieser Zeit, soll seine Sexualität nicht wie ein tolles Spielzeug gebrauchen, mit dem es unendlich viel Spaß haben kann, sondern vielmehr wie eine zerbrechliche Kostbarkeit, die man nur zu außergewöhnlichen Anlässen aus dem Kabinett holt.

Hier geht es nicht um die fünfziger Jahre, wir sprechen von der Gegenwart. Nach wie vor wird uns von allen Seiten suggeriert, Frauen, egal welchen Alters, würde es einfach besser zu Gesicht stehen, wenn sie möglichst höflich, bescheiden und um ihre weibliche Würde bemüht blieben. Spaß, Exzess und Abenteuer sind zwar prinzipiell nicht ausschließlich Männersache – im Gegenteil, viele Mädchen sind mindestens genauso wild unterwegs wie ihre männlichen Freunde –, doch das Konzept der freien, rockigen »Schlampe« der Riot Grrrls hat sich nicht durchgesetzt. Junge Frauen zahlen immer noch einen Preis dafür, wenn sie sich nicht an die gängigen Konventionen halten: Ihnen wird Respekt vorenthalten.

MÄDCHEN KÖNNEN AUCH KERLE SEIN

Fair ist das nicht, und für diejenigen von uns, die sich nicht auf das Schema der vernünftigen, sozial begabten, romantischen kleinen Frau reduzieren lassen wollen, ist es ein unerschöpflicher Quell an Frustration. Betrunkene, grölende Jungs auf dem Festival: lassen die Sau raus. Betrunkene Mädchen auf einem Festival: erregen als designierte Opfer von Übelkeit und sexueller Belästigung das Mitleid der Betrachter. Junge Uni-Absolventen, die sich obsessiv in ihre Jobs werfen: sind ehrgeizige Alphamännchen. Junge Frauen, die ihre Arbeit genauso ernst nehmen wie ihre Beziehungen: suspekte Karrieristinnen. Wir Alphamädchen – ehrgeizig, lässig und, Überraschung!, weiblich – müssen uns eben selbst erfinden.

Zum Glück gibt es Entertainment. Denn diese Industrie schafft es doch immer wieder, Persönlichkeiten hervorzubringen, die das Cool neu besetzen. Meistens waren das Männer: Marlon Brando, James Dean, Jack Nicholson, Johnny Cash, John Lennon, Kurt Cobain, die Liste könnte ewig weitergehen. Doch heute haben wir zum ersten Mal die Situation, in der Frauen zu Ikonen des wilden Lebens werden.

Sie tragen unheimlich goldige, mädchenhafte Namen: Amy, Lily, Lindsay. Aber sie leben wie harte Kerle. Alle drei sind gerade Anfang zwanzig, außerordentlich erfolgreich und unbestritten talentiert. Amy Winehouse hat im Soul neue Standards gesetzt, bringt sich und ihre Karriere zwar mit Whiskey und Kokain massiv in Gefahr. Die Musikerin Lily Allen gilt als sehr talentiert und gibt offen zu, bereits als Teenager mit Drogen in Kontakt gekommen zu sein. Und die Kritiker sind sich einig, dass Lindsay Lohan ungewöhnliche Schauspielqualitäten besitzt, die allerdings ziemlich hinter ihrem Drogen- und Alkoholproblemen zurückgetreten sind.

Die drei sind Stellvertreterinnen einer Generation junger Frauen, die das Beste aus sich rausholt, sich aber nicht zu künstlichen Puppen machen lässt. Sie arbeiten hart, sie reisen um die Welt, prägen die Popkultur maßgeblich, trinken unkontrolliert und reißen jede Menge Typen auf. Sie führen sich in der Öffentlichkeit auf wie ungehobelte Schweine, machen sich unbeliebt und gehen in ihrem Verhalten hart an die Grenze zur Selbstzerstörung. Verherrlichen sollte man das sicher nicht, und als Vorbilder taugen diese drei auch nicht. Aber kulturell sind diese Frauen, die in England als *ladettes*, zu Deutsch »Kerlinen«, bezeichnet werden, von ungeheurer Bedeutung. Denn sie leben ganz selbstverständlich in einem Stil, den man bei »Sex and the City« noch als »wie ein Mann« bezeichnet hätte. Sie besetzen Räume und Verhaltensmuster, die bisher den Jungs vorbehalten blieben, und erweitern damit die Möglichkeiten, die uns zur Verfügung stehen. Denn weiblich sein kann eben auch heißen: hedonistisch, existenziell am Ende, verantwortungslos, unruhig. Ernest Hemingway und Hunter S. Thompson haben darauf kein Patent.

NICHT ZUR MUTTER GEBOREN

Immerhin ein Gebiet haben wir uns mittlerweile erobert – niemand würde heute noch wagen zu behaupten, dass Frauen intellektuell weniger leistungsfähig seien als Männer. Mittlerweile haben es der Bildungsdurst, die Zielstrebigkeit und der Ehrgeiz nämlich auch in den Katalog anerkannter weiblicher Merkmale geschafft. In der Schule, an der Hochschule und am Berufsanfang sind wir mindestens so motiviert wie die Jungs – und sehr oft engagierter und besser als sie. Wir sind hungrig nach Erfolg, guter Kohle und Status. Wir lernen die Welt kennen, arbeiten hart und befriedigen dabei Sehnsüchte, die sehr lange als besonders unweiblich galten: nach Einfluss, Weiterentwicklung, Beteiligung. All das wird ein wichtiger Teil unserer Identität, und solange wir nicht zu laut darüber reden, nimmt uns das auch erst mal niemand übel. Bis es zum Beispiel mit Mitte zwanzig immer öfter um die Kinderfrage geht.

Jeder, der fernsieht, Magazine liest oder sich einfach nur mit Bekannten und Verwandten über das Thema unterhält, weiß: Eine Frau, die auch nur leise Zweifel an ihrer endgültigen Bestimmung als Mutter äußert, stößt in den allermeisten Fällen auf Unverständnis. Die Frau, die in Erwägung zieht, sich für ihr Berufsengagement zu entscheiden, wird als seltsam, egoistisch und ein bisschen unnatürlich eingestuft.

Und auch das ist nicht fair. Aber wir ändern es nicht dadurch, dass wir uns darüber aufregen. Man hat den Feministinnen oft genug vorgeworfen, sie würden eine Opferhaltung einnehmen, und in diesem Fall würden wir das auch, wenn wir uns nur beschweren würden, wie sehr wir immer wieder festgelegt werden. Schließlich trifft jede ihre Entscheidungen doch am Ende selbst. Und leider tragen wir unseren eigenen Anteil der Verantwortung für diese ganze Kategorisierung, wir machen mit. Zum Beispiel, indem wir uns selbst und den Frauen um uns herum bestimmte Werte zuordnen; indem wir etwa Freundinnen für ihr Verhalten als Frau verurteilen statt als Mensch; oder indem wir einen Kerl als »unmännlich« bezeichnen, wenn er eine weiche Seite zeigt.

Wir Alphamädchen wollen es anders machen. Wir lassen uns weder von Wissenschaftsjournalisten noch von Modezeitschriften sagen, wie wir als Frau zu sein haben. Die Summe unserer Körperteile und unser Verhältnis zu ihnen, unsere Erziehung und vielleicht auch unser Umgang mit der Welt – das macht uns zu Frauen. Nicht aber unser Lebensstil, unsere persönlichen Prioritäten oder kosmetischen Gewohnheiten. Letztlich ist es so: Wir sind nicht Frauen, weil wir bestimmte Eigenschaften haben, sondern wir haben Eigenschaften, und eine davon ist unser weibliches Geschlecht – der Rest lässt sich beliebig erweitern. Wir müssen also aufhören, uns, unsere Freundinnen und auch unsere Männer auf Rollen festzulegen. Niemand braucht sich an irgendeinen vorgefertigten Lebensplan zu halten, der nur abhängig davon ist, was sich zwischen den Beinen befindet.

DIE SCHÖNHEITSLÜGE

Im Märchen sind die Schönen die Guten. Die Bösen haben einen Buckel, eine Warze auf der Nase, krumme Beine oder mindestens verfilzte Haare. Schön zu sein bedeutet im Märchen nicht weniger, als von allen geliebt zu werden. Und Erfolg zu haben: Die Schönen gewinnen am Ende immer, zum Beispiel das Herz von Märchenprinz oder -prinzessin.

Märchen spiegeln unsere Kultur wider. Aber natürlich sind nicht sie allein schuld daran, dass wir schön sein wollen – und manche von uns um jeden Preis. Oder dass wir glauben, schön sein zu müssen, weil schöne Menschen ein glücklicheres, erfolgreicheres Leben führen könnten. Und doch klammern wir uns oft – fernab von Märchenbüchern – an ein willkürliches und oberflächliches Kriterium wie »Schönheit«. Wir setzen Schönsein mit Glücklichsein gleich und sind zutiefst unglücklich, wenn wir uns nicht schön fühlen.

Und dabei meinen wir nicht »Schönheit« in einem ganzheitlichen Sinn, also wie attraktiv wir auf andere Menschen wirken – weil wir offen sind, herzlich, ein schönes Lachen haben. Wenn es im öffentlichen Diskurs um Schönheit geht, dann meinen wir langweilige, messbare Symmetrie von Gesichtszügen, Durchschnittlichkeit oder Maße, an denen wir uns orientieren können und sollen. Wenn von Schönheit gesprochen wird, geht es also immer nur um die äußere Hülle von Menschen. Wie eintönig. Wie oberflächlich. Ein solches Kriterium soll wirklich unser Glück bestimmen? Irgendetwas in unserem Zentrum für rationales Denken muss in puncto Schönheit aussetzen, es fragt sich nur: Was?

Es ist nicht umfassend erforscht, was uns dazu treibt, viel Zeit und Geld für ein schöneres Äußeres aufzuwenden, zu cremen, zu schwitzen, zu korrigieren oder auch mal zu operieren. Wissenschaftliche Ansätze bieten bisher vor allem Evolutionsbiologen. Einige von ihnen behaupten, körperlich schöne Menschen hätten schon immer einen Fortpflanzungsvorteil gehabt, deswegen strebten wir auch heute noch nach maximaler Schönheit. Diese Vorstellung passt zum derzeitigen Wahn, die Welt biologisch erklären zu müssen. Andere Evolutionsbiologen halten dagegen, dass Schönheit nicht mit Verantwortungsgefühl und Mütterlichkeit gleichgesetzt werden könne. Ihre Untersuchungen ergaben, dass schönere Menschen zwar öfter als sexuelle Wunschpartner genannt werden, sie aber extrem schlechte Werte bekommen, wenn die Befragten ihre familiären Fähigkeiten einschätzen sollen. Schönheit ist nach Meinung dieser Forscher also nicht zwingend ein Evolutionsvorteil. Deswegen gehen sie auch davon aus, dass das Streben nach Schönheit nichts ist, was »in unserer Natur liegt«.

Die Idee eines *survival of the prettiest* ist Quatsch. Niemand muss fürchten, nicht attraktiv genug für diese Welt zu sein.

SCHÖNHEIT LÄSST SICH NICHT KAUFEN

Das Problem ist, dass uns die Schönheitsindustrie etwas anderes einreden will, nämlich: dass wir nie schön genug sind. Firmen verkaufen Anti-Falten-Cremes, Make-up-Tiegelchen, Bauchweggürtel, Push-up-Mascara, Appetitzügler oder Schönheitsoperationen nur, solange Frauen – und auch immer mehr Männer – sich hässlich fühlen. Alt. Dick. Blass. Und immer kann noch etwas optimiert werden: Die Haut könnte weicher sein, der Po fester, die Augen größer, die Wimpern dichter, der Bauch flacher, die Lippen voller, die Wangen rosiger, das Haar glänzender, die Taille schmaler. Würden Frauen und Männer sich plötzlich alle schön finden, drohten der Schönheitsindustrie Milliardenverluste.

Deswegen halten die Marketingabteilungen der Kosmetikkonzerne und Schönheitsinstitute, aber auch Frauenzeitschriften und Fernsehmagazine die Geldmaschine am Laufen, indem sie ständig neue Problemzonen erfinden: pummelige Knie, »Winkfleisch« an den Oberarmen, Würstelzonen unter der Achselhöhle, »unästhetische« Schamlippen. Und immer haben sie schon die Lösung parat: eine neue Behandlung, eine hochwirksame Diät oder eine passende Operation.

Doch nicht nur die Werbung für Schönheitsprodukte will uns einreden, wir seien noch mindestens eine Gesichtsbehandlung oder ein Komplett-Make-over von der Perfektion entfernt. Auch Werbung ganz allgemein prägt entscheidend unsere Sehnsucht nach körperlicher Schönheit – stellvertretend für unsere Sehnsucht nach Glück. Sie zeigt makellose Menschen, die durch das Produkt X eine ganz hervorragende und glückliche Zeit haben. Sei es ein neues Auto, ein Shampoo oder ein Kreditangebot, fast immer werben schöne Menschen dafür. Und so denken wir uns: Wären wir schön, hätten wir nicht länger unseren langweiligen Alltag – nein, wir würden wie die Models in den Anzeigen den ganzen Tag Champagner schlürfen, mit einem schnellen Auto und gut aufgelegten Freunden durch die ganze Welt fahren und wären immer auf den tollsten Partys mit den coolsten DJs eingeladen. Werbung verspricht uns Glück, und weil sie das mit schönen Menschen tut, verwechseln wir manchmal Schönheit mit Glück, aber auch Medienbilder mit der Realität.

Der Evolutionsbiologe Karl Grammer wies in einem Experiment nach, wie schnell das Frauenbild aus den Medien ins Leben hüpft: Männer stellten, nachdem sie einige Folgen der Fernsehserie »Drei Engel für Charlie« gesehen hatten, höhere Ansprüche an die Attraktivität einer Frau als die Männer aus der Kontrollgruppe, denen »Daisy Duck« gezeigt wurde. Medien haben gehörigen Einfluss, auch wenn unklar bleibt, wie viel genau. Denn wir sollten nicht vergessen: Zwischen medialer Botschaft auf der einen und unserem Denken und Handeln auf der anderen Seite steht immer noch: unser kritisches Urteilsvermögen.

Dieses Urteilsvermögen müssen wir nutzen, wenn wir uns an medial geformten Körpern orientieren. Sie sind geölt, geschminkt und mit Photoshop bearbeitet. Sie sind nicht real und verzerren doch unser Bild von einem »normalen, schönen« Körper. Anthropologen gehen davon aus, dass Menschen anhand der von ihnen wahrgenommenen Körper einen durchschnittlichen Körper ihrer Gattung zeichnen können. Bevor es Massenmedien gab, beschränkten sich die gesehenen Körper auf das direkte Umfeld – das Bild, das die Menschen früherer Generationen von einem durchschnittlichen Menschenkörper zeichneten, war immer auch notwendigerweise »realistisch«.

Heute sehen wir auf Werbeplakaten, im Fernsehen, in Filmen und Zeitschriften mehr Körper als im wahren Leben. Da Medien vor allem auf schöne Menschen setzen, um ihre Inhalte oder Produkte zu verkaufen, und weil heute Magazin- und Anzeigenbilder in der Regel digital bearbeitet werden, ist unsere Vorstellung davon, wie ein durchschnittlicher Körper aussieht, unrealistisch. Der Frauenkörper, der uns medial manipuliert präsentiert wird, reift unreflektiert zum Schönheitsideal heran: Er ist drahtig und schlank, Brüste und Po sind fest, die Haut hat keinerlei Pigmentierung und ist elastisch wie bei einem Kind. Darüber hinaus ist unsere

Vorstellung von Schönheit mittlerweile von der Globalisierung beeinflusst: Leicht schräg stehende Augen wie bei Asiatinnen, helle Haut wie bei Nordeuropäerinnen und volle Lippen wie bei Afrikanerinnen gelten als das Nonplusultra. Und so kann nun wirklich niemand aussehen.

»KAMPF« UND »KRIEG« GEGEN UNSERE KÖRPER

Das alles betrifft nicht nur Frauen: Auch immer mehr Männer machen Bekanntschaft mit Idealmaßen, Schönheitsversprechen und kosmetischen »Must-haves«. Auch sie sorgen für immer weiter steigende Umsätze bei den Konzernen. »Männlichkeit« wird zwar noch nicht in dem Maße mit Schönheit assoziiert wie »Weiblichkeit«, und doch könnten die Männer bald massenhaft Dingen begegnen, die sie lieber nie kennengelernt hätten: Depressionen, Essstörungen, Abscheu vor dem eigenen Körper, Diätwahnsinn, Heeren von Cremes im Bad und so weiter. Männer sollten sich in dieser Hinsicht unbedingt vom Verhalten vieler Frauen abschrecken lassen und lieber gleich eine Vollbremsung machen: In die Spirale von Schönheitsanspruch und -wirklichkeit muss niemand einsteigen!

Denn je mehr Zeit, Geld und Energie Frauen und Männer in Schönheitsprodukte und -anwendungen investieren, desto unzufriedener werden sie mit ihrem Aussehen. Das ergaben zahlreiche Erhebungen der letzten vierzig Jahre, sagt Winfried Menninghaus, Autor des Buches »Das Versprechen der Schönheit«. Der Kampf um den perfekten Körper geht also nie zu Ende, er wird nur von Runde zu Runde teurer. Und deprimierender.

In den vergangenen fünf Jahren verdoppelte sich die Zahl der Schönheitsoperationen: 2007 ließen sich zwischen 750 000 und einer Million Deutsche – 87 Prozent von ihnen Frauen – operieren. Aufschneiden. Ohne medizinische Notwendigkeit. Das ist verrückt; und könnte noch verrückter werden, würde sich das Geschäft mit dem perfekten Aussehen so entwickeln wie in Amerika: Dort gibt es schon jetzt absurde Auswüchse. Beispielsweise bieten Chirurgen Komplettpakete für Frauen nach einer Entbindung an, damit sie ihren Vorschwangerschaftskörper zurückbekommen: Das *mommy makeover* umfasst Bauchdeckenstraffung, Fettabsaugen, Bruststraffung und/oder -vergrößerung. Natürliche, ganz normale Veränderungen des Körpers werden pathologisiert oder zumindest als sozial inakzeptabel stigmatisiert.

Wer heute an seinem Körper herumschnippeln lässt, tut dies in den seltensten Fällen wegen einer wirklich katastrophalen Abnormalität oder eines extrem geringen Selbstwertgefühls. Schönheitsoperationen werden von den Anbietern als Ausdruck absoluter Kontrolle über alle Lebensbereiche, also auch über das Aussehen, verkauft. Die Logik dahinter: Eine selbstbewusste Frau entscheidet nicht nur darüber, wie sie lebt, sondern auch, ob sie die schiefe Nase, die in ihrer Familie seit Generationen weitervererbt wurde, akzeptieren will.

Es gehört zum Selbstverständnis moderner Frauen, sich ausschließlich für sich selbst hübsch zu machen. 2001 gaben in einer Umfrage der Zeitschrift *Brigitte* nur drei Prozent der Frauen an, anderen gefallen zu wollen. 1978 waren es noch 14 Prozent. Diese Veränderung bedeutet nicht, dass Frauen sich in Sachen Schönheit von äußeren Einflüssen emanzipiert hätten, sondern ist eher ein Zeichen dafür, wie sich unser Selbstverständnis verändert hat. Natürlich wollen wir vollkommen unabhängig von äußeren Einflüssen sein! Etwas anderes würde kaum eine Frau zugeben.

Also führen Frauen den Kampf gegen Falten, Pfunde, Dellen, Pickel und störrische Haare für ihr eigenes Selbstwertgefühl. Das speist sich aus der befriedigenden Überzeugung, dass sie diesen Kampf tatsächlich gewinnen könnten. Die Logik: Egal ob sie Einfluss im Job oder in der Gesellschaft haben oder ob er ihnen verwehrt bleibt, ihre Körper können sie durch Diäten und Sport formen, ihre Gesichter durch Make-up gestalten. Die meisten Frauen, die eine Schönheitsoperation hinter sich haben, reden stolz und triumphierend darüber, stellte die Sozial- und Kulturwissenschaftlerin Kathy Davis von der Universität Utrecht fest. Sie rechtfertigen den Eingriff als »Schicksalskorrektur« und ignorieren dabei, dass diese in eine Richtung geht, die nicht die Natur oder der weibliche Verstand vorgibt. Emanzipierte Frauen entscheiden sich aus freien Stücken dazu, einem falschen Ideal hinterherzulaufen. Das kann man als individuelle Entscheidung ansehen. Oder aber als millionenfaches Einknicken gegenüber einem Druck, der durch und durch künstlich ist.

DAS SCHÖNE GESCHLECHT

Der Feminismus der siebziger Jahre kämpfte dafür, dass Frauen sich von den Schönheitsidealen der Männer emanzipierten. Jegliche Form von Sexyness in Gestalt von Stöckelschuhen oder kurzen Röcken zum Beispiel galt als männergemachtes Schönheitsbild und war somit abzulehnen. So streng müssen wir heute gar nicht mehr sein. Wir können Freude an Lippenstift und enthaarten Beinen haben, ohne uns deswegen als hilflose Opfer männlicher Fantasien oder einer riesigen Industrie fühlen zu müssen. Genauso sind naturbelassene Lippen und Haare an den Beinen nicht mehr Grundvoraussetzungen für einen ernst gemeinten Feminismus.

Heute sind nicht mehr nur Männerwünsche ein Problem. Zwar wird es immer Typen geben, die sich ein »In der Jeans hast du aber einen ganz schön dicken Hintern« nicht verkneifen können und uns Komplexe einreden. Aber das eigentliche Problem reicht weiter: Was schön sein soll, wird durch eine globale Industrie definiert, die – insofern haben die alten Feministinnen auch heute noch recht – von Männern dominiert wird, an Konzernspitzen, in Marketingabteilungen, in Kreativbüros, Redaktionen und Werbeabteilungen.

Deren überkommene Vorstellung, die Reduktion von Frauen auf ihre Körper in Mode, Werbung und Medien »konterkariert den Autonomiezuwachs, den Frauen sich erkämpft haben«, kritisierte die Autorin Claudia Pinl in der *Tageszeitung*. Geht es um unser Äußeres, sollen wir Frauen häufig doch wieder das »schöne Geschlecht« repräsentieren. Steht eine Frau in der Öffentlichkeit und gilt als nicht schön, passiert es nicht selten, dass sie sich dafür rechtfertigen muss oder Boulevardmedien über ihre Haare, Kleidung, Handtasche herziehen. Frauen in der Öffentlichkeit werden immer noch angegriffen mit Hinweis auf ihr Äußeres: »Wie die schon aussieht!«

Wie jemand aussieht, darf niemals ein Argument sein. Und doch müssen Frauen – im Gegensatz zu Männern – damit rechnen, dass sie angegriffen werden, entsprechen sie nicht dem gängigen Schönheitsideal. Und entsprechen sie ihm, wird auch auf diesen Umstand hingewiesen werden. Dann heißt es »die schöne Ministerin«, die »sexy Landrätin« oder »die zierliche Expertin für XY«. Andere Qualitäten als äußere sind oft zweitrangig.

Das Problem ist: Wenn von Frauen permanent erwartet wird, dass sie schön sind, wird ihnen eine – eigentlich überflüssige – Aufgabe zugewiesen, die Schönheitsarbeit. Und die hält Frauen von der gesellschaftlichen Arbeit ab. So wird ein Schönheitsideal auch zum Machtinstrument. In extremer Form kennen wir die Verknüpfung von Schönheit und Macht aus anderen Kulturen: eingeschnürte Füße in China oder Giraffenhälse in einigen afrikanischen Stämmen. Doch wie gesagt: So weit weg ist das alles nicht. Wir halten uns von den wirklich wichtigen Dingen ab, wenn wir uns nur darum sorgen, wie wir aussehen und wie wir noch ein paar Pfund weniger wiegen könnten. Leider ist es genau das, was wir tun.

Selbst Kritiker des Schönheitswahns resignieren oft. Unsere Gesellschaft sei nun einmal sehr bedacht auf das Äußere, Körperliche. Dem Schönheitsdiktat könne sich einfach niemand entziehen. Das ist nicht wahr. Warum sagen wir nicht einfach: Scheiß drauf! Dem Schönheitsterror kann jeder aus dem Weg gehen, der will. Schönheit ist eine willkürliche Norm, deren Maßstäbe höchst individuell sind und auch sehr flexibel. Bestes Beispiel: Verlieben wir uns, spielt es plötzlich überhaupt keine Rolle mehr, wie sehr die Ohren der oder des Liebsten abstehen oder ob sich der Bauch neugierig nach vorn wölbt. Äußerliche Schönheit ist ein Wesensmerkmal von vielen, nach denen wir andere Menschen bewerten und sie uns. Aber sie ist kein Wert an sich. Wer schön ist, ist nicht automatisch ein besserer Mensch. In dem Punkt lügen Märchen nämlich.

Die Manipulierbarkeit des Körpers ist seit dem Moment ein Problem, als aus der Devise »Alles ist möglich« ein »Alles muss sein« wurde. Frauen, die ihre Pfunde und Falten akzeptieren oder sogar schön finden, müssen sich teilweise von ihren Freundinnen vorwerfen lassen, sie seien nicht ehrlich mit sich oder irgendwie anormal. Wir werden in Sachen Schönheit systematisch auf Probleme eingeschworen, die es eigentlich gar nicht gibt; weil wir ein Schönheitsbild zum Ideal machen, das über einen gesunden, sportlichen Körper weit hinausgeht bis hin zu Ballonbrüsten und knabenhaft schmalen Hüften.

Schönheitsoperationen führen eine traurige Tradition modischer Körperverstümmelung fort, wenn auch mit modernen Mitteln. Schönheit und Mode hatten schon immer auch etwas mit Zwang zum Unnatürlichen zu tun, beispiels- weise das Korsett in der höfischen Gesellschaft, das eine Taille formte, die es in der Natur so nicht gab; oder Mode- trends wie riesige Schulterpolster und Plateauschuhe, die schmale Schultern und kurze Beine »optimieren« sollten; oder die Erfindung des Büstenhalters, der das Korsett nach dem Ersten Weltkrieg massenhaft ablöste und aus flachen Brüsten prall gefüllte Dekolletés formte. Der BH spielt heute wiederum eine ganz eigene und eigenartige Rolle: Es scheint nur noch gepolsterte Modelle zu geben. Schon ganz junge Frauen lassen kaum mehr eine Andeutung ihres natürlichen Busens zu. Der Polster-BH schummelt ein paar Gramm hinzu und verpasst jeder Brust eine gleich geformte Wöl- bung. So schafft er eine Illusion, die keine nackte Frau als Realität vorfindet – und ihren Busen dadurch im Zweifels- fall als anormal, als hässlich ansieht.

Nun sind die BH-verbrennenden Feministinnen nur ein Mythos, eine solche Aktion gab es nie. Aber wir jungen Fe- ministinnen sollten Mode und Schönheit wieder kritischer betrachten. Mehr Distanz zu den Schönheitsidealen und den Versprechen der Mode- und Schönheitsindustrie kann hel- fen, den eigenen Körper mehr und inniger zu lieben, sich selbst wieder zu gefallen. Es kommt darauf an, zu hinter- fragen, warum man sich nur mit Wimperntusche wohlfühlt oder warum einen die große Nase unglücklich macht. Wir müssen unterscheiden, ob wir schön sein wollen, weil wir um Anerkennung ringen, oder ob Schminke und Klamotten für uns einfach nur Spaß am Verkleiden sind. Wenn wir das schaffen, wenn wir unsere Nase so lieben, wie sie ist, und den Rest des Körpers gleich mit, ist ein bisschen Wimperntusche hier oder etwas Glitzer dort nicht mehr eine Sache von Zwang und Selbsthass, sondern nur noch ein Spiel, das Spaß macht. Und mehr sollte es auch nicht sein.

VON SCHÖNHEIT, GLÜCK UND UNGLÜCK

Wer einem unrealistischen Wunschbild nacheifert, wird nie zufrieden sein. Überhaupt: Wenn Frauen unglücklich sind, hängt das nicht selten mit ihrem Körper zusammen. Doch nicht allein ein runder Po oder Speckfalten am Bauch sorgen für Gefühle zwischen mieser Laune und Selbsthass. Was Frauen wirklich fertigmacht, ist der Gedanke, schuld sei nur ein zu schwacher Wille – es sei doch nur eine Frage der Selbstdisziplin, dünner zu werden und damit auch glücklicher und erfolgreicher.

Viele Mädchen übernehmen von ihren Müttern schon sehr früh ein gestörtes Verhältnis zu ihrem Körper und ihren Gelüsten. Entweder sie sind Zeuginnen, wie Mama sich immer wieder geißelt: »O nein, dieses Stück Schokolade kann ich mir nun wirklich nicht mehr leisten«, oder sie kriegen den Satz in der Du-Form selbst um die Ohren gehauen. Von Frauengeneration zu Frauengeneration wird das Mantra weitergegeben: Das Einzige, was zwischen uns und dem perfekten Körper steht, sind wir selbst. So entstehen Essstörungen.

Die krankhaften Folgen der Schönheitshysterie werden unter dem Begriff *body image disorders* zusammengefasst. Die Betroffenen sind meistens besonders schlank oder besonders muskulös. Aber sie mögen sich trotzdem nicht. Diese Kluft zwischen Ich und Ich-Ideal erklärt der Autor Winfried Menninghaus so: »Persönliche Erfolge werden latent nur dem Aussehen zugeschrieben, so dass das Konto des Ichs immer gleich arm und leer bleibt.« Das heißt: Das Selbstbewusstsein kann nicht wachsen, weil die Person jegliche Bestätigung wie Aufmerksamkeit oder Lob auf ihr Aussehen zurückführt und nicht auf ihre Persönlichkeit. Es gibt also keinen Zusammenhang zwischen physischer Attraktivität und Selbstachtung, Zufriedenheit und Glücklichsein. Einige

Studien weisen sogar darauf hin, dass Frauen, die sich andauernd um ihr Aussehen sorgen, ein unbefriedigendes Sexualleben haben. Wer sich beim Sex Gedanken macht, ob der Bauch Speckfalten wirft, verdirbt sich den eigentlichen Spaß.

Es ist also nicht wichtig, wie viel wir monatlich in unsere Schönheit investieren, und auch nicht, wie viel wir wiegen oder ob andere Menschen uns »schön« finden. Oberflächliche Schönheit macht unser Leben nicht besser, bringt uns keine Freundschaften und wird uns nicht glücklicher machen. Wirkliche Schönheit dagegen, die Summe aus Zufriedenheit, Ausstrahlung, Offenheit, Selbstvergessenheit – die kann uns zu dem führen, was wir im Leben suchen: zum Glück.

KNALLER-SEX FÜR ALLE

Es gibt viele Vorurteile über Feministinnen, und die mit Abstand blödsinnigsten haben alle mit deren angeblicher Abneigung gegen Sex zu tun: »Feministinnen wollen alle nur penetrationsfreien Kuschelsex!« – »Das sind doch Frustrierte, die man bloß mal ordentlich durchficken müsste, um ihren Männerhass zu kurieren!« – »Unerotische Kampfemanzen mit haarigen Achseln und schlechten Frisuren!«

Besonders schade ist, wie gern Frauen auf diese Klischees zurückgreifen, um zu erklären, warum sie mit Feminismus nichts am Hut haben. Traurigerweise haben sie keine Ahnung, wovon sie sprechen. Eigentlich können sie einem sogar leidtun. Denn wollen wir wetten? Feministinnen haben den besseren Sex.

Zugegeben: Der Vorwurf, Feminismus habe irgendwie ein Problem mit dem Geschlechtsverkehr, ist nicht vollkommen aus der Luft gegriffen. Heterosexuelle Beziehungen und deren problematische Aspekte standen fast von Anfang an im Zentrum der Frauenbewegung der siebziger Jahre. In den USA veröffentlichte Kate Millet 1970 die Kampfschrift »Sexual Politics«, in der sie die Machtstrukturen sexueller Beziehungen analysierte. Im selben Jahr bezeichnete Anne Koedt in ihrem bahnbrechenden Aufsatz »Der Mythos vom vaginalen Orgasmus« Sigmund Freuds Unterscheidung zwischen »kindlichem« klitoralem und »reifem« vaginalem

Orgasmus als Irrtum. Ein Problem stellte natürlich der Umstand dar, dass zu diesem Zeitpunkt viele Frauen und Männer noch gar keine Ahnung hatten, dass es so etwas wie eine Klitoris gibt und was die alles Schönes kann.

Basierend auf diesen Ideen, geht es auch in Alice Schwarzers Bestseller von 1975, »Der kleine Unterschied und seine großen Folgen«, eigentlich fast ausschließlich um Sex. Schwarzer hatte ihn nämlich für sich als den »Knackpunkt« der Unterdrückung entdeckt: Damals waren die »ehelichen Pflichten« noch per Gesetz vorgeschrieben, das heißt, ein Ehemann konnte auf Sex mit seiner Frau bestehen, ob sie darauf nun Lust hatte oder nicht. Deswegen war auch die Vergewaltigung in der Ehe legal. Kurzum: Für viele Frauen konnte Sex damals zur Tragödie werden. Deswegen rückte er ins Zentrum feministischer Kritik. Und gemessen an heutigen Maßstäben war die ganze Angelegenheit für Männer vermutlich auch nicht so großartig. Oder kann sich jemand vorstellen, dass sich ein Mann mit einer passiv leidenden, unfrohen Partnerin besser vergnügt als mit einer Frau, die Lust hat und die er befriedigen kann?

ANDERE ZEITEN, ANDERE SEXYS

Tatsache ist: Sowohl Männer als auch Frauen haben heute ein wesentlich gesünderes, offeneres Verhältnis zu ihren sexuellen Bedürfnissen und denen ihrer Partnerinnen und Partner, als es noch vor dreißig Jahren der Fall war. Größtenteils ist das ein Verdienst der Frauenbewegung. Die endlosen Diskussionen über vaginalen und klitoralen Orgasmus, über die man sich heute gern lustig macht? Ladys, ohne diese Diskussionen wüssten wir heute selbst nicht, wie wir kommen! Überhaupt ist es doch mittlerweile ein anerkannter Maßstab für guten Sex, dass er eben keine Einbahnstraße zum Samenerguss ist – die meisten Männer legen großen Wert darauf, ihre Partnerinnen zum Orgasmus zu bringen. Auch das haben wir dem Feminismus zu verdanken, genauso wie unser Recht auf sexuelle Verweigerung: Seit 1997 ist Vergewaltigung in der Ehe strafbar.

Schade ist, dass manche Altfeministin nicht erkennen mag, wie weit wir vor allem an der Sexy-Front gekommen sind. Noch immer bezeichnen Radikalfeministinnen wie Catharine MacKinnon die sexuelle Befreiung als die größte Gefahr für junge Frauen. Entschuldigung, aber wir finden es ehrlich gesagt ziemlich großartig, dass wir in die Kiste steigen können, mit wem wir belieben!

Auch Deutschlands prominenteste Feministin marschiert seit Jahren munter auf dem radikalfeministischen Holzweg. Sadomaso ist keine legitime sexuelle Praktik, sondern Ausdruck für strukturelle Gewalt? Jede Frau, die da mitmacht, kollaboriert mit dem männlichen Feind? Das größte Problem an Pornografie ist, dass sie Frauenhass und Lust am Frauenleid fördert? Kann man alles in der *Emma* nachlesen. Mit solch schlichten Argumenten macht man es den Antifeministen tatsächlich ziemlich einfach. Und leider gibt es in der Öffentlichkeit kaum feministische Gegenstimmen.

Gern berufen sich Feminismusgegnerinnen und -gegner wie etwa Eva Herman auf die Radikalfeministin Andrea Dworkins und ihre These vom heterosexuellen Geschlechtsverkehr als Gewalttat, Sex mit Penetration als Vergewaltigung. Abgesehen davon, dass solchen Zitaten oft keine vertiefte Lektüre vorausgegangen zu sein scheint – nicht einmal Dworkin wäre auf so einen absurden Gedanken gekommen. Was sie meinte, war ebenfalls extrem: nämlich, dass in einer Welt, in der Männer die Macht über Frauen haben, das physische Eindringen symbolisch gesehen als Kampfakt analysiert werden kann. Der Gedankengang ist also wesentlich komplexer. Und eine grundsätzliche Ablehnung des Geschlechtsakts enthält er nicht.

Eine Feministin legt nicht per definitionem ein Misstrauensbekenntnis gegenüber Heterosex ab. Nur weil einige Vertreterinnen der Frauenbewegung eine engstirnige, restriktive Sicht auf die Sexualität haben, heißt das nicht, dass wir alle so sein müssen. So wie wir den Feminismus verstehen, lautet die einzige Regel: Frauen dürfen alles, was sie selbst super finden. Junger Feminismus steht für sexuelle Selbstbestimmung.

Gerade weil sie nicht selbstverständlich ist. Und gerade weil von überall so viele Einflüsse und Zwänge auf uns einprasseln, die es uns schwer machen, unsere Sexualität uneingeschränkt zu genießen. Da brauchen wir wirklich keine Feministinnen, die uns auch noch erzählen, die Heterosexualität sei voller Gefahren – weil ein Mann daran beteiligt ist. Erst einmal konzentrieren wir uns lieber auf einen grandiosen Nebeneffekt von Feminismus: Knaller-Sex für alle.

FEMINISMUS MACHT SEXY

Keine Sorge, dieses Buch verwandelt sich nicht binnen der nächsten sieben Sekunden in einen Erotikratgeber. Aber das Klischee von der feministischen Sexfeindlichkeit ist so muffig und ausgeleiert, dass es einfach mal aus der Welt muss.

Für Frauen hängt guter Sex von einer Menge unterschiedlicher Faktoren ab. Einer davon ist, wie zufrieden sie mit ihrem Körper sind. Wenn jemand Diätzwang, Size Zero, Topmodel-Shows und die Hüftknochen in den Dolce & Gabana-Anzeigen einfach unhinterfragt auf sich überträgt – weil sie ja, wie das Model, auch eine Frau ist –, versinkt sie zwangsläufig in einem Sumpf der Selbstzweifel und Komplexe. Das bedeutet weniger Lebensfreude, weniger Selbstbewusstsein – und wie soll so ein trauriger Mensch noch Vergnügen am Sex haben?

Feministinnen dagegen wissen, dass die Schönheitsideale aus den Medien genau das sind: aus den Medien!

Sie sind künstlich, sie werden geschaffen, um Konsum zu generieren: Dünne Menschen sehen auf Fotos nun mal besser aus, na und? Heißt das etwa, dass sie mehr wert sind oder irgendetwas Besonderes können, außer vielleicht, mit wenig Nahrung auszukommen? Ständig werden wir darauf hingewiesen, dass wir Mängel haben. Die Lösung dafür, heißt es, sei dieses neue Peeling und jene neue Creme – die wir schleunigst kaufen sollen, bevor irgendjemand anderem unsere Makel auffallen. Denn Gott behüte, was dann passieren würde! Ja, was denn? Warum sollen wir uns von einer Industrie diktieren lassen, wie wir aussehen wollen?

Der Feminismus hilft uns dabei, solche Fragen zu stellen, die Mechanismen der Schönheitsmarktmaschinerie zu erkennen und uns von ihr zu distanzieren. Sobald wir aufhören, über das bisschen Zellulitis, die wirklich jede Frau über zwanzig hat, die dicken Knie, die es gar nicht gibt, oder unsere Poren nachzudenken, fangen wir an, uns besser zu fühlen und – tata! – mehr Spaß im Bett zu haben.

Wer seine Sexualität kennt, hat auch mehr Vergnügen mit ihr. Es kann jedenfalls nicht schaden, wenn man weiß, was einen antörnt und wie mit diesem Wissen froh und frei umzugehen ist. Dafür braucht man aber einen guten Bezug zum eigenen Körper und dazu noch eine ordentliche Dosis Hemmungslosigkeit. Denn nur, wer offen über seine Gelüste und Eigenarten mit dem jeweiligen Partner auf der Matratze sprechen kann, hat auch was davon.

Klingt nach alten Binsen? Logo, ist aber deswegen nicht falsch. Und wieder ein Fall für den Feminismus.

In den Siebzigern besaß jede Feministin, die etwas auf sich hielt, ein Spekulum, also einen Handspiegel, mit dem sie in ihre Vagina gucken konnte. Es gab Kurse, bei denen sich Frauen versammelten, um gemeinsam ihre Geschlechtsorgane auszukundschaften.

Heute schütteln wir uns beim Gedanken an solche Veranstaltungen, und dieses Buch wird garantiert keine Forderung nach neuen Handspiegel-Kursen vorbringen. Aber: Unsere Unterleiber sind nun einmal Teil unserer Identität. Wir können sie nicht ignorieren. Und es macht durchaus Sinn herauszufinden, wie sie ticken. Jede Frau kennt das Gefühl, wenn ihre Vagina irgendwie beleidigt ist. Vielleicht geht es ihr gesundheitlich nicht gut, vielleicht will sie gestreichelt werden. Solange wir nicht wissen, was los ist, fühlen wir uns jedenfalls grundsätzlich unwohl. Wie viel besser wäre es also, sich die Zeit zu nehmen und herauszufinden, was da eigentlich passiert! Was ihr guttut. Wie sie aussieht – nämlich hübsch. Wie wir sie nennen wollen – mit einem Wort, das uns gefällt und nicht peinlich ist. Und, wenn wir schon dabei sind, was ihr eigentlich wirklich Spaß macht. Es gilt also, sich zu informieren: Artikel über Sex zu lesen, Pornos anzuschauen, an sich selbst herumzumachen. Und dann Mund auf und darüber auch einmal reden: mit dem Partner, der Partnerin oder einer guten Freundin. Schließlich ist unsere Sexualität genauso ein wichtiger Teil von uns wie unser Intellekt – wir sollten weder das eine noch das andere vernachlässigen oder uns gar dafür schämen.

Und vor allem: Zwei selbstbewusste Menschen in einer gleichberechtigten Situation, die wissen, was sie tun, haben mehr Spaß zusammen. Das ist bei der Arbeit, beim Kochen und auch beim Sex der Fall. Der Feminismus sagt: Frauen sind genauso viel wert wie Männer: in der Schule, im Alltag, im Beruf – und in der Liebe. Eine Feministin ist also eine Frau, die sich ihrem Mann nicht unterlegen fühlt, die auf die Lust ihres Partners genauso viel Wert legt wie auf ihre eigene, die sich nicht damit zufriedengibt, einfach dabei zu sein beim Sex, sondern sich wirklich daran beteiligt – klingt eigentlich nach jemandem, der Spaß hat.

HORMONE MACHEN NICHT FREI

In jeder guten Mädchenfreundschaft kommt es früher oder später zum Verhütungsdialog. »Sag mal, wie machst du das eigentlich?«, fragt die eine. »Och, ich nehm die Pille«, meint die andere. Wer dann wissen will, warum, hört mit großer Wahrscheinlichkeit eine dieser Antworten: »eine alte Gewohnheit aus der ersten Beziehung«, »die absolut sichere Methode«, »super für die Haut« oder – total selbstlos – »mein Freund kriegt Ausschlag von Kondomen«. Die Pille ist heute der Klassiker in Sachen Empfängnisverhütung. Allein dieses Wort: »Empfängnisverhütung«. Es steht für all die Möglichkeiten, die wir haben, nicht schwanger zu werden. Nebenbei verrät es, wie der Volksmund die Dinge sieht: reine Frauensache! Ist es aber nicht. Denn zwar können nur Frauen empfangen. Das heißt aber lange noch nicht, dass nur wir allein verhüten können.

Um was es hier also geht, ist Geburtenkontrolle und wie wir sie in unseren Schlafzimmern, Wohnzimmern, Autos oder Badewannen regeln. Das Recht darauf finden wir in Artikel 16 der Abschlussdeklaration der UN-Menschenrechtskonferenz in Teheran aus dem Jahr 1968: »Eltern verfügen über das grundlegende Menschenrecht, frei und eigenverantwortlich über Anzahl und Geburtenabstand ihrer Kinder zu entscheiden.«

Die Deutschen kontrollieren ihre Geburten vor allem

mit: der Pille. In den Achtzigern und Neunzigern waren Kondome aufgrund der neu erkannten Gefahr einer HIV-Infektion weit verbreitet. Inzwischen denken viele bei Kondomen mehr an Infektionsverhütung als an Empfängnisverhütung und fühlen sich in festen Partnerschaften oder Kreisen, die nicht aus Drogensüchtigen oder Allesfickern bestehen, sicher vor Krankheiten. So sind Kondome heute beinahe verdrängt von der Pille, die über 70 Prozent der Frauen unter dreißig schlucken, wie eine Studie der Bundeszentrale für gesundheitliche Aufklärung aus dem Jahr 2007 zeigt. Töchter werden von ihren Müttern quasi mit der ersten Periode »der Frauenärztin oder dem Frauenarzt übergeben, nicht zuletzt, damit die Fruchtbarkeit von Beginn an gut unter Kontrolle ist«, sagt die Dresdner Gynäkologin und Psychotherapeutin Dorothea Schuster, Vorstandsmitglied der Deutschen Gesellschaft für Psychosomatische Frauenheilkunde und Geburtshilfe.

Junge Mädchen schlucken die Pille also gleich nach der ersten Regel. Mit einem ärztlichen Rezept bezalen Frauen unter zwanzig nichts dafür; in manchen Schulklassen ermuntern die Biologielehrerinnen ihre Schülerinnen, sich die Pille verschreiben zu lassen – natürlich werden dabei auch diejenigen alarmiert, die weder einen Freund noch Sex haben. Viele wollen die Pille unbedingt, als Zeichen dafür, dass sie jetzt auch zu den Frauen gehören, die sexuell aktiv oder wenigstens verfügbar sind. Letztlich ist mit der Pille eine Art weibliches Geschlechtsmerkmal entstanden: Ein Mädchen fühlt sich nur dann als richtige Frau, wenn ihr Brüste und Schamhaare wachsen, sie alle vier Wochen ihre Tage bekommt – und die Pille nimmt. Das einstige Symbol der sexuellen Befreiung ist heute ein Statussymbol.

SUPER SEX MIT HORMONBOMBE

Ganz klar: Bei Kondomen werden die Männer beteiligt an der Geburtenkontrolle. Machen wir uns mit der täglichen Dosis Hormone »allzeit bereit«, sind wir Frauen es, die allein die Verantwortung übernehmen. Nach den prüden Fünfzigern, in denen am besten ein Keuschheitsgürtel unter dem Petticoat getragen wurde, um den gesellschaftlichen Normen zu genügen, jubelten viele Frauen in den Sechzigern und frühen Siebzigern über die Einführung der Pille. Sie erkannten sie als große Chance für die weibliche Sexualität und setzten »Anovlar« mit Freiheit gleich; 1961 kam in Westdeutschland unter diesem Namen die erste Antibabypille auf den Markt, 1965 gefolgt von »Ovosiston« in Ostdeutschland.

Frauen konnten Sexualität nun endlich genießen – ohne sich darauf verlassen zu müssen, dass der Mann auch wirklich achtgab. Denn erst seit den neunziger Jahren ermöglichen gesetzliche Hintertüren eine Abtreibung zu Beginn der Schwangerschaft. Doch neben dem Jubel über die neu gewonnene Freiheit gab es auch 1975 schon skeptische Stimmen. Alice Schwarzer schrieb damals in »Der kleine Unterschied und seine großen Folgen«: »Früher konnten Frauen sich aus Prüderie oder Angst vor unerwünschter Schwangerschaft wenigstens weigern, wenn sie keine Lust hatten, heute haben sie dank Aufklärung und Pille zur Verfügung zu stehen.« Es half wirklich nur noch »Migräne«, wenn sich eine Frau dem Beischlaf entziehen wollte und keinen Mut hatte, Nein zu sagen.

Längst können wir die Pille nicht mehr als Symbol der Freiheit sehen. Einerseits bürdet sie die Verantwortung für die Geburtenkontrolle der Frau auf und zwingt sie dazu, jederzeit zur sexuellen Verfügung zu stehen; andererseits bringt sie gesundheitliche Risiken mit sich. Denn natürlich kann die Pille einer jungen Frau schaden – sie kann wie jedes

Medikament Nebenwirkungen haben. Das gibt sogar die Initiative *maedchensprechstunde.de* in ihrer Pro-Pille-Broschüre »Meine Tochter wird erwachsen!« zu, hinter der die Ärztliche Gesellschaft zur Gesundheitsförderung der Frau und der Arzneimittelhersteller Grünenthal GmbH stehen.

Wer im Bett lieber »Ich nehme übrigens die Pille« flüstert, statt ein Kondom zu fordern, erkundigt sich sicher nicht nach einem aktuellen Aidstest. Nach wie vor infizieren sich junge Frauen beim Sex ohne Kondom mit HIV. Wie oft dabei der Pillensatz im Spiel war – danach wird nicht gefragt. Das Gleiche gilt für den zumeist durch Übertragung des Humanen Papillomavirus (HPV) ausgelösten Gebärmutterhalskrebs. Diese Infektion wird zwar meistens vom Immunsystem erfolgreich bekämpft; sie taucht aber besonders häufig bei jungen Frauen auf. In den ersten Jahren der sexuellen Aktivität infiziert sich jede Zweite mit einem HPV-Virus. Viele schlucken einfach die Pille und wiegen sich damit in vollkommener Sicherheit.

IST DAS NICHT GIFTIG?

Ein ganzer Nebenwirkungenkatalog gehört zur Pille. Frauen akzeptieren starke Gewichtszunahme, Veränderungen der Haut und Thrombosegefahr bis hin zur wohl schlimmsten Folge: der freiwilligen Aufgabe des Verhältnisses zum eigenen Körper, der eigenen Bedürfnisse, die durch Fremdhormone verändert oder sogar unterdrückt werden. Jede Frau, die nur für kurze Zeit die Pille geschluckt und dann doch lieber wieder abgesetzt hat, kennt den Unterschied: Neben den gängigen Begleiterscheinungen stören auch ein sich verschlechternder Gleichgewichtssinn, Schmerzen in der Brust oder große Müdigkeit ganz schön. Hinzu kommt, dass die Pille die Lust auf Sex hemmt, weil sie die Produktion des Lusthormons Testosteron unterdrückt. Das wurde längst wissenschaftlich bewiesen. Auch, dass diese sexuelle Teilnahmslosigkeit Jahre nach der letzten Einnahme der Pille noch andauern kann.

Die Dresdner Ärztin Dorothea Schuster erzählt überdies aus ihrem Praxisalltag, dass viele ihrer Patientinnen, die hormonell verhüten, große Angst verspüren, trotzdem schwanger zu werden. Eine Frau, die die Pille nimmt, spürt keinen Eisprung, da er hormonell unterdrückt ist. Ihre Brüste werden kurz vor dem Eintritt der Monatsblutung nicht fester; schwankt ihre Stimmung, liegt das nicht an ihrem Zyklus. Ihr Körper ist durch freiwillig eingenommene Hormone »eingestellt«, er ist fremdbestimmt.

Übrigens: Nach einer intensiven Forschungsreihe – unter anderem des Berliner Pharmariesen Schering – wurde die Pille für den Mann 2006 auf Eis gelegt. Neben Nebenwirkungen wie abrupten Stimmungsschwankungen, Gewichtszunahme, Akne, Veränderungen der sexuellen Lust, Müdigkeit oder plötzlichem Schwitzen war es besonders die Art der Hormonzufuhr, die das Aus bedeutete: In der abschließenden Pressemitteilung des Konzerns hieß es, dass die »Darreichungsform, die ein jährlich einzusetzendes Implantat mit dreimonatigen Injektionen kombinierte, im freien Markt keine breite Akzeptanz finden würde«. Ein Hormonpräparat, unter die Haut des Oberarms geschoben, und eine Dreimonatsspritze können offenbar keinem Mann zugemutet werden.

Männer hätten bei einer Verhütung auf hormoneller Basis übrigens noch andere Sorgen, wie der Wolfratshauser Gynäkologe Manfred Stumpfe, stellvertretender Landesvorsitzender des Berufsverbands der Frauenärzte in Bayern, gegenüber der *Süddeutschen Zeitung* erklärt. Sie täten sich mit der Pille schwer, »weil sie die Verhütung bisher den Frauen übertragen haben. Männer sind noch nicht bereit dafür. Sie denken: Wenn ich nicht mehr zeugungsfähig bin,

bin ich auch nicht mehr potent. Das ist ihr großes Problem.«
So trägt die Pille für den Mann also weiterhin den Namen
»Viagra« und dient einer anderen Sache als die Pille für die
Frau.

An sich ist die Pille für den Mann aber auch keine wirkliche Option für die Geburtenkontrolle, denn warum sollen
sich Männer fremdbestimmen lassen, wenn es doch wirklich
andere Möglichkeiten gibt, beim Sex kein Kind zu machen?
Hinzu kommt, dass weder Männer noch wir Frauen die
alleinige Verantwortung für die Folgen der Sexualität übernehmen sollten.

Ist die Lust das Alpha der Sexualität, sollte die Geburtenkontrolle ihr Omega sein. Natürlich ist Vorsicht besser
als Abtreibung. Doch wer meint, eine junge Frau sei noch zu
unerfahren, um verantwortungsbewusst mit Kondomen umzugehen, weiß sicher keine Antwort auf die Frage, ob sie dann
nicht auch zu jung sei, um verantwortungsbewusst mit ihrer
Sexualität umzugehen. Sex ist nichts, was schnell konsumiert
werden kann wie ein Schokoriegel, der nach kurzer Zeit
schon verdaut und vergessen ist. Und bei all den Möglichkeiten, die uns zur Verfügung stehen, um eine Schwangerschaft
zu verhindern, dürfen wir einen nicht vergessen: unseren Körper. Schließlich tragen wir nicht nur Verantwortung für die
Existenz eines – möglicherweise ungewollten – Kindes, sondern auch für uns selbst.

Immer wieder geht es um das Empfangen. Davor schützen wir uns mit der Pille. Dabei gibt es Kondome in jeder
Drogerie, Aufklärung an jeder Ecke; und doch hält die Tochter- und Enkeltochtergeneration der Frauen, für die die Pille
die Freiheit bedeutete, an etwas fest, was inzwischen kein
Fortschritt mehr, sondern längst ein Rückschritt ist.

Kondome haben keine Lobby. Das muss sich ändern. Sie
sind zu 98 Prozent sicher und schützen dabei noch vor
Krankheiten, die uns auch in einer festen Partnerschaft

gefährlich werden können. Mit einem Kondom auf dem Nachtkästchen teilen wir die Verantwortung über das »Nach dem Sex« mit den Männern, entscheiden gemeinsam, dass wir kontrollieren wollen. Und schließlich tun wir uns mit einem Kondom selbst einen großen Gefallen: Wir schlucken keine Hormone.

GILT IMMER NOCH:
MEIN BAUCH GEHÖRT MIR

Und dann passiert sie doch. Wir können uns noch so vorsichtig und verantwortungsbewusst verhalten – die Sexpanne ereilt uns fast alle irgendwann einmal. Ein Loch im Kondom. Das Ding reißt, bleibt stecken, statt sich rausziehen zu lassen. Auch bei größter Vorsicht und sorgfältiger Kontrolle kann das geschehen. Was tun wir in so einem Fall? – Am nächsten Morgen zum ärztlichen Notdienst oder zur Frauenärztin, die »Pille danach« verschreiben lassen. Gutgegangen – auf der To-do-Liste bleiben jetzt, je nach Partner, nur noch der Aidstest, ein Herpes-Ausschluss und die Überwindung eines miesen Gefühls.

Die »Pille danach« hilft in solchen Fällen, da sie eine ungewollte Schwangerschaft verhindern kann: Spätestens 72 Stunden nach ungeschütztem Geschlechtsverkehr oder im Fall einer Sexpanne eingenommen, verzögert beziehungsweise verhindert sie den Eisprung und somit eine Befruchtung. Sie verändert die Gebärmutterschleimhaut und kann die Einnistung eines eventuell befruchteten Eies verhindern. Erwiesen ist, dass die Wirksamkeit der »Pille danach« umso höher ist, je frühzeitiger sie eingenommen wird. Daher muss sie so bald wie möglich – am besten innerhalb von zwölf Stunden nach dem ungeschützten Sex – und darf nicht später als drei Tage danach eingenommen werden. Wer die »Pille danach« schon mal genommen hat, weiß ganz genau, dass das keine Spaßdroge ist, die wir leichtfertig nach einer Party-nacht einwerfen; sondern eben eine Notfalllösung, mit der wir verhindern, ein ungewolltes Kind austragen oder abtreiben zu müssen.

Wer also das Glück hat, den Riss im Kondom sofort zu entdecken, kann sich mit der »Pille danach« spontan gegen eine Schwangerschaft entscheiden. Wer nicht so viel Glück hat und erst nach ein paar Wochen feststellt, dass da wohl was schiefgegangen ist, steht vor der Frage aller Fragen: Will ich jetzt ein Kind?

Auch wenn Abtreibungsgegner gern so tun: Keine Frau bestimmt leichten Herzens über Leben und Tod ihres unge-borenen Kindes. Diese Entscheidung ist die schwerste, mit der eine Frau konfrontiert werden kann. Und leider ist sie dabei oft auch noch allein. Schlaflose Nächte und niemand, mit dem sie darüber sprechen kann – der Partner ist katego-risch gegen ein Kind und will nicht mehr diskutieren, die Fa-milie weit weg oder von konservativen Vorstellungen ge-prägt, und der Freundeskreis soll lieber erst gar nichts davon wissen. Dennoch entscheidet sich eine Mutter von zwei Kin-dern, die wenig Geld oder eine Beziehung mit einem miesen Typen hat, aus Vernunftgründen vielleicht ebenso für eine Abtreibung wie ein junges Mädchen, das beim ersten Mal gleich schwanger wurde.

DREI JAHRE GEFÄNGNIS ODER EINE GELDSTRAFE

Abtreibung ist in Deutschland illegal. So wie Autoklauen. Oder Einbrechen. Die Verletzung fremden Eigentums und das Selbstbestimmungsrecht einer Frau über ihren Körper und ihr Leben sind also theoretisch gleich vor dem Gesetz. Denn nach wie vor beginnt Paragraf 218 des Strafgesetz-buches so: »Wer eine Schwangerschaft abbricht, wird mit Freiheitsstrafe bis zu drei Jahren oder mit Geldstrafe bestraft.« Es gibt lediglich gesetzliche Hintertüren, die einen Schwangerschaftsabbruch trotzdem möglich machen.

1953 verschwand die Todesstrafe auf Abtreibung aus dem Gesetzbuch. In den frühen Siebzigern unternahm die SPD-Regierung unter Willy Brandt einen Vorstoß zur sogenannten Fristenlösung, die jedoch als verfassungswidrig abgelehnt wurde. Die »Fristenlösung« hatte Frauen in der DDR seit 1972 den straffreien Schwangerschaftsabbruch bis zur zwölften Woche ermöglicht – ohne Wenn und Aber. Mit diesem Pauschalgesetz hatte die DDR-Regierung die Selbstbestimmung der Frauen demonstriert. Abtreibung galt von nun an als legaler Vorgang. Dabei blieb aber eins auf der Strecke: die angemessene Betreuung. Es war nicht vorgesehen, dass Frauen sich bei Psychologen oder Ärzten Rat holten, niemand sprach mit ihnen über ihren Schwangerschaftsabbruch. Abtreibung war legal, aber ein Tabu.

1993 kam dann die »Indikationenlösung« ins vereinte Deutschland. Die damalige Bundesregierung unter Helmut Kohl überlegte sich damit eine recht feige Lösung für das Reizthema Schwangerschaftsabbruch, die bis heute gültig ist: An sich ist Abtreibung verboten. Will eine schwangere Frau kein Kind, muss sie bei einem Vertreter des Staates vorsprechen, der Beratungsstelle. Dort wird die Frau ermuntert, das Kind zu behalten. Bleibt sie dennoch bei ihrem Entschluss, wird die Abtreibung, basierend auf dem sogenannten Schwangerschaftskonfliktgesetz, doch möglich gemacht.

Es gibt drei Begründungen für einen straffreien Abbruch. Sprechen persönliche Motive gegen ein Kind, also etwa die Lebenssituation oder finanzielle Sorgen, kann die Schwangerschaft nach der »Beratungsregelung« abgebrochen werden. Dafür brauchen Frauen den bereits erwähnten Nachweis eines Gesprächs mit einem Berater beziehungsweise einer Beraterin. Entscheiden sie sich für eine Abtreibung, müssen sie noch erklären, dass sie nicht dazu gezwungen werden, sondern aus freiem Willen handeln.

Wird bei einer ärztlichen Untersuchung eine von zwei möglichen »Indikationen« diagnostiziert, ist eine Beratung nicht gesetzlich vorgeschrieben. Von der »medizinischen Indikation« wird gesprochen, wenn die Mutter durch die Schwangerschaft gesundheitlich stark gefährdet oder das Kind behindert ist. Die Behinderung selbst darf aber nicht als Grund genannt werden – die Mutter muss versichern, dass sie ein Leben mit einem behinderten Kind nicht ertragen könnte. Die »kriminologische Indikation« schließlich steht für ein Verbrechen, das hinter der Schwangerschaft steckt – Vergewaltigung oder Schwangerschaft vor dem vierzehnten Lebensjahr. Ein Abbruch aufgrund einer dieser Indikationen ist straffrei und wird von der Krankenkasse finanziert. Für Frauen, die nur über ein geringes Einkommen verfügen, übernimmt die Krankenkasse die Kosten einer Abtreibung von 300 bis 800 Euro auch im Falle, wenn keine der Indikationen vorliegt.

Frühestens vier Tage nach der Beratung beziehungsweise der Feststellung einer kriminologischen Indikation darf die Schwangerschaft ärztlich beendet werden. Innerhalb der ersten fünf Wochen mit einem Hormonpräparat, der in Deutschland zugelassenen Abtreibungspille »Mifegyne®«, ansonsten wird bis zur zwölften Woche »abgesaugt«. Nur schwerbehinderte Embryos dürfen bis kurz vor der Geburt abgetrieben werden.

Abtreibung ist illegal, aber möglich. Wenigstens müssen wir nicht mehr zu einem »Engelmacher«, der den Fötus mit einem Drahtbügel aus unserem Bauch kratzt. Doch sollte eines Tages eine Regierung mit einer konservativeren Einstellung zur Abtreibung an die Macht kommen, könnte sie uns schwer unter Druck setzen: Die Beratungsstellen könnten sich schlicht weigern, einen Schwangerschaftsabbruch zu erlauben. Es wäre möglich, dass finanzielle Sorgen oder die Lebenssituation nicht mehr als Gründe gegen ein Kind akzeptiert würden.

Einen ersten Vorgeschmack darauf gab Papst Johannes Paul II., der Ende der neunziger Jahre von katholischen Beratungsstellen verlangte, in Deutschland keine Bescheinigungen mehr auszustellen, die eine straffreie Abtreibung ermöglichen. In seinem Buch »Erinnerung und Identität« kritisierte er Regierungen des 20. Jahrhunderts, die sowohl den Holocaust als auch Abtreibung ermöglicht hatten. Zwar hätte die Vernichtung der Juden nach dem Ende des NS-Regimes aufgehört. »Was jedoch fortdauert, ist die legale Vernichtung gezeugter, aber noch ungeborener menschlicher Wesen.«

Neben dem katholischen Kirchenoberhaupt sind auch die christlichen Parteien dagegen. »Es gibt auch eine Kindstötung vor der Entbindung. Das ist die Abtreibung«, äußerte der thüringische CDU-Justizminister Harald Schliemann gegenüber der *Frankfurter Allgemeinen Zeitung*. Im CDU-Grundsatzprogramm steht: »Das noch nicht geborene Leben bedarf unseres besonderen Schutzes. Mit den viel zu hohen Abtreibungszahlen finden wir uns nicht ab. Wir müssen Frauen und Männern dabei helfen, sich für das Leben zu entscheiden.«

Individuelle Regelungen sind in dieser Überlegung selbstverständlich nicht vorgesehen. Die Union hat in der langen Regierungszeit Helmut Kohls nichts dafür getan, dass die Entscheidung für das Leben leichter fiele. Im Gegenteil: In den neunziger Jahren verwandelte Kohl das Frauenministerium in ein Familienministerium und verbannte Themen wie die Legalisierung der Abtreibung.

Anders die SPD, in deren aktuellem Parteiprogramm steht: »Wir wollen Lebensverhältnisse schaffen, in denen sich Frauen nicht zum Schwangerschaftsabbruch gezwungen sehen. Wir wissen jedoch, dass wir nicht alle menschlichen Konflikte lösen können. Die Strafbarkeit des Schwangerschaftsabbruchs hat nicht zum Schutz werdenden Lebens, sondern seit jeher mehr zur Bedrohung und Demütigung von Frauen geführt. Das Strafrecht ist kein geeignetes Mittel für die Lösung von Schwangerschaftskonflikten.« Doch trotz solch moderner Formulierungen zog weder Gerhard Schröder zwischen 1998 und 2005 Konsequenzen daraus, noch hat sich die Partei bis jetzt in der Großen Koalition damit durchsetzen können. Wir warten noch immer auf die absolute Straffreiheit des Schwangerschaftsabbruchs.

EIN LEGENDÄRES GRUPPENBEKENNTNIS

Das Recht auf Abtreibung war und bleibt ein großes feministisches Thema. In die deutsche Öffentlichkeit rückte es 1971, als der *Stern* den Satz »Wir haben abgetrieben« auf das Titelblatt druckte. 374 Frauen bekannten öffentlich, gegen den Paragraf 218 verstoßen zu haben, und riskierten damit strafrechtliche Verfolgung und persönliche Ächtung. Vielleicht wäre ein ähnliches Kollektivgeständnis heute erneut angebracht, damit eine größere Öffentlichkeit das nur scheinbar geregelte Verfahren der Abtreibung diskutiert.

Wer sagt, in Deutschland würde massenhaft abgetrieben, wäre erst einmal die strafrechtliche Hürde gefallen, redet schlichtweg Blödsinn. Keine Frau wartet darauf, endlich auf eigene Faust in der Apotheke ein Medikament holen zu können und den Embryo dann zwischen Friseurtermin und Freundinnentreffen schnell auf der Toilette zu entsorgen. Solange es keine Legalisierung gibt und eine Abtreibung juristisch gesehen genauso strafbar ist wie der Diebstahl eines Fahrrads, können wir uns nicht zufriedengeben.

Abtreibung muss legalisiert werden. Der Staat hat die

Pflicht, zu verhindern, dass Not Frauen in Lebensgefahr bringt; denn nach wie vor leiden Frauen an den Folgen eines hingepfuschten Schwangerschaftsabbruchs, werden unfruchtbar oder sterben sogar daran, auch in Deutschland. Wir fürchten uns davor, bei der Entscheidung für oder gegen ein Kind alleingelassen zu werden von einem Gesetzgeber, der sich hinter einer unzeitgemäßen Regel mit Hintertüren versteckt, und von einer Gesellschaft, die uns mit moralisch erhobenem Zeigefinger »Kinderlosigkeit aus Bequemlichkeit« oder »Karrieregeilheit« vorwirft. Wir fürchten uns davor, dass amerikanische Pro-Life-Fanatiker, die Abtreibungsärzte erschießen und Frauen mit Denunziation und Angriffen das Leben zur Hölle machen, auch bei uns eifrige Nachahmer finden.

Wir wollen die Unterstützung unserer Regierung. Um gar nicht erst in die Situation einer ungewollten Schwangerschaft zu kommen, müssen Mädchen und Jungen über die Folgen von ungeschütztem Sex schon frühzeitig Bescheid wissen. Neben den Eltern sind da die Schulen gefragt, die nur zum Teil schon vorbildlichen Unterricht machen. Überall werden Mädchen und Jungen erst mal kichern, wenn sie im Biounterricht ein Kondom über ein Plastikmodell ziehen sollen. Sie werden stöhnen, wenn sie mit Babypuppen, die nachts schreien, gewickelt und mit Fläschchen gefüttert werden müssen, den Ernstfall ausprobieren. Aber sie können dann in Diskussionen auch besser mitreden, weil sie verstanden haben, worum es geht. Wer begriffen hat, dass vor jeder Schwangerschaft der ungeschützte Verkehr steht, konsumiert Kondome ebenso selbstverständlich wie Zahnpasta.

Sexualität ist jedem Teenager irgendwie peinlich, vor allem, wenn in der Schule darüber gesprochen werden soll. Doch mehr als peinlich, nämlich eine große psychische und physische Belastung, ist eine Abtreibung für einen Teenager.

Wenn bei jungen Frauen – aber auch bei jungen Männern – erst einmal ein Bewusstsein geschaffen ist, Verantwortung für die eigene Sexualität zu übernehmen, fällt auch die Frage »Magst du lieber ein pinkes oder ein grünes Kondom?« nicht mehr so schwer.

Es gibt noch einen Punkt, an dem der Gesetzgeber gefragt ist. Nach der Schwangerschaft kommt das Leben mit dem Kind. Jährlich werden in Deutschland knapp 120 000 Abtreibungen vorgenommen, an Frauen, die sich ein Leben mit einem Kind nicht vorstellen können – aus persönlichen Gründen. Aber auch an Frauen, die sich eigentlich ein Kind wünschen, dann aber doch im letzten Augenblick kneifen. Aus Angst, weil sie meinen, sich kein Kind »leisten« zu können ohne Kinderbetreuung, ohne Job, ohne einen Partner, auf den sie sich verlassen können; weil sie nicht wissen, ob sie als alleinerziehende Mutter jemals wieder einen Mann oder eine Stelle finden. Diesen Frauen muss der Staat Angebote machen, die ihnen wenigstens einen Teil der Angst nehmen – von der Schaffung von Betreuungseinrichtungen bis zum Wiedereinstieg in den Job. Eine gesetzlich geregelte Kinderbetreuung hilft Müttern, zurück in den Beruf zu kommen – wenn sie wollen, bereits vor dem ersten Zahn des Babys. Keine Rabenmütter, kein Karriereknick. Keine Angst vor Kindern.

WIR FORDERN DAS RECHT AUF ABTREIBUNG

Alice Schwarzer erinnert sich in ihrem Buch »Die Antwort« von 2007: »Die Frauenbewegung war nie *für* Abtreibung – im Gegenteil: Sie hat dank Aufklärung und Selbstbestimmung sehr viel *dagegen* getan. Die Frauenbewegung war immer nur für das *Recht* auf Abtreibung, also pro Frauen in Not. Es ging und geht uns bei der Abtreibungsdebatte ausschließlich darum, dass ungewollt schwangere Frauen nicht länger entmündigt werden und ihnen medizinische Hilfe gewährt wird.«

Und so fordern wir das Recht, individuell entscheiden zu können, ob wir ein Baby haben möchten oder nicht. Wir müssen eine Schwangerschaft auch dann legal beenden dürfen, wenn wir weder vergewaltigt wurden noch krank oder völlig verarmt sind. Allein wir Frauen wollen bei einer Abtreibung das letzte Wort haben, schließlich tragen wir die Verantwortung für beides – das eigene Leben sowie das Leben des Kindes. Doch bei dieser Entscheidung akzeptieren wir Hilfe. Klar, dass wir mit unserem Vergewaltiger nicht gemeinsam zur Beratungsstelle gehen. Aber wir möchten den Mann, der das Kind gezeugt hat, an unserer Seite haben können, wenn wir es wollen: Der Vater sollte über gesundheitliche Risiken Bescheid wissen, bei der Entscheidung für oder gegen ein Kind eingebunden sein und im Falle eines Schwangerschaftsabbruchs gegebenenfalls finanzielle Unterstützung leisten. Ein Mann, der seiner schwangeren Freundin kurz und knapp mitteilt, er habe keine Kraft für ein Baby, lässt sie allein – obwohl er mitverantwortlich ist. Bei einem Paarberatungstermin findet er vielleicht heraus, dass seine Kraft doch größer ist als gedacht. Und dass weder Verhütung noch Schwangerschaft, noch Abtreibung reine Frauensachen sind, für die sich ein Mann nicht interessieren muss. Was auch immer der Grund für die ungewollte Empfängnis sein mag – ein kaputtes Kondom, eine ausgekotzte Pille oder doch ein missglückter Coitus interruptus: Nach einem Schwangerschaftsabbruch haben Ahnungslosigkeit, Bequemlichkeit oder Kommunikationsängste erst recht nichts mehr im Sexleben verloren. Ganz klar: Eine Abtreibung ist keine Verhütungsmethode.

Psychologische und ärztliche Unterstützung helfen uns. Doch wir wollen dabei nicht bevormundet werden – weder im Sinne des Gesetzes noch im Sinne der Religion. Wir fordern eine intensive Diskussion des Themas Geburtenkontrolle sowohl in der Schule als auch im Schlafzimmer. Aufklärung bewahrt vor Schwangerschaft aus Unwissenheit und kann somit einer Abtreibung vorbeugen. Kein Lichtaus-Augen-zu. Keine Ausreden.

GEWALT GEGEN FRAUEN IST KEINE LAPPALIE

Wir haben es schon besprochen: Feministinnen haben stets auch die negativen Seiten der Sexualität thematisiert. Das müssen wir auch heute noch tun. Denn viele Dinge haben sich zwar geändert, doch wir haben immer noch kein echtes Selbstbestimmungsrecht über unseren Körper. Und wir sind – aufgrund unserer Körper – immer noch viel zu oft in Gefahr.

Es passiert jeden Tag. Mal werden wir auf der Straße angesprochen: »Wollen wir vögeln?« Im überfüllten Bus werden wir scheinbar versehentlich an der Brust berührt, nur durch ein Grinsen verrät sich der Typ neben uns. Ein anderes Mal wird uns an der Bar ein Getränk spendiert und nach einem kurzen Smalltalk unsere Knutschbereitschaft erwartet. Abends, allein auf dem Nachhauseweg, verfolgt uns ein Fremder. Wir hasten nach Hause, den Schlüssel in der Hand; schauen uns an der Haustür noch mal um. Endlich in Sicherheit, sperren wir die Tür hinter uns zu; fragen uns kurz, ob der Lippenstift zu rot, der Pulli zu eng anliegend oder der Club zu abgefuckt war für ein »ordentliches Mädchen«.

Was für ein Unsinn! Eine Frau, die sexuell belästigt wird, ist mitnichten ein »unordentliches Mädchen«. Die kanadische Autorin Margaret Atwood beschrieb 1985 in ihrem Roman »Der Report der Magd« eine Welt, in der sich Frauen in lange Gewänder hüllen müssen, um »ordentliche Mädchen« zu werden – auch zu ihrem eigenen Schutz: »Janine erzählt, wie sie mit vierzehn hintereinander von einer ganzen Gruppe von Jungen vergewaltigt wurde und eine Abtreibung hatte ... Aber *wessen* Schuld war das? ... Ihre *eigene*, ihre *eigene*, ihre *eigene*, rufen wir im Chor. Wer hat sie verführt? ... Sie war es. Sie war es. Sie war es.«

Das, was Margaret Atwood darstellte, passiert auch im realen Leben. Unser Äußeres, unsere Ausstrahlung, unser Handeln werden von unserer Umgebung ständig überprüft. Tragen wir einen kurzen Rock, hohe Schuhe oder viel Make-up, trinken wir Alkohol oder lachen ausgelassen, signalisieren wir sexuelle Bereitschaft – heißt es. Und das kann uns zum Verhängnis werden.

SIE HÄTTE ES BESSER WISSEN MÜSSEN

Über eine New Yorker Studentin, die abends allein in einer Bar saß und auf dem Heimweg vergewaltigt und ermordet wurde, schrieb das *Wall Street Journal* 2006: »Eine Vierundzwanzigjährige hätte es besser wissen müssen.« 1996 wies ein Gericht in Nordrhein-Westfalen die Klage einer Studentin ab: Sie sei nicht so betrunken gewesen, wie sie angegeben habe. Die von ihr angegebene Menge an Alkohol habe, bezogen auf ihr Körpergewicht, nicht ausgereicht, dass sie wehrlos gewesen wäre gegenüber ihrem Vergewaltiger, einem Kollegen. Italienische Richter lehnten 1999 eine Vergewaltigungsanklage ab, da das junge Mädchen zur Tatzeit Jeans getragen habe. Die hätte ihr kein Mann vom Leib reißen können, demnach habe sie gewollt, was da passierte. Im US-amerikanischen Bundesstaat Nebraska verlangte ein Gericht 2007 von einer einundzwanzigjährigen Frau, bei der Wiederaufnahme eines Verfahrens gegen ihren Vergewaltiger auf das Wort *rape* – »Vergewaltigung« – zu verzichten. Dem Gericht ging es dabei um eine »faire« Verhandlung – für den Mann.

Im Englischen spricht man bei der Beurteilung von sexuellen Gewalttaten meist von *sexual assault* – »sexueller Nötigung«, was auch den Begriff *rape*, also »Vergewaltigung«, einschließt. Im Deutschen verwenden wir das Wort »Vergewaltigung« und haben damit oftmals ein Definitionsproblem. Was genau ist Vergewaltigung? Das Strafgesetzbuch bleibt schwammig, die Rede ist von »erzwungenem Beischlaf« oder der Erduldung von »ähnlichen sexuellen Handlungen«, die »mit dem Eindringen in den Körper« verbunden sein können.

Also: Handelt es sich nur dann um eine Vergewaltigung, wenn ein Penis in die Vagina eindringt? Nein. Ist es schon Vergewaltigung, wenn bloß ein Finger in die Vagina eindringt? Ja. Und wenn ein Mann nicht in die Vagina, sondern auf den Rücken der Frau ejakuliert? Ja. Die Unsicherheit darüber, wo Vergewaltigung beginnt, verleitet viele Frauen dazu, eine sexuelle Handlung, die sie gegen ihren Willen erdulden mussten, herunterzuspielen. Das ist falsch. Es gibt keine »Vergewaltigung light«, keine »halbe Vergewaltigung« – auch nicht vor dem Gesetz; hier wächst nur die Härte der Bestrafung mit der Schwere der Tat. Erklärungen wie »Zum Glück hat er mir nur auf den Rücken gewichst« machen das Verbrechen nicht weniger verabscheuenswert. Ähnlich ist es mit Sätzen wie »Ich habe ihn ja zu mir eingeladen und war auch einverstanden, dass wir uns küssen.« In diesem Fall übernehmen wir kleinlaut einen Teil der Verantwortung für etwas, was wir nicht verschuldet haben, denn die Schuld tragen die, die uns Gewalt antun; die unsere Signale übergehen und unsere Bedürfnisse einfach wegwischen – wenn nötig, mit Brutalität.

Es gibt viele dumme Entschuldigungen für Vergewaltigungen. Die dümmste ist die: Du hast das doch gewollt. Provoziert. Erwartet. Selbst wenn wir nackt über die Straße liefen, berechtigte das niemanden, über uns herzufallen.

Oder anderer Umbruch. An sich wissen wir das ja. Und wir versuchen uns zu schützen. Vorsorglich. Auf der Straße senken wir den Blick, im Bus setzen wir uns neben eine Oma, an der Bar erzählen wir schon im zweiten Nebensatz vom gemeinsamen Urlaub mit dem Freund, auf dem Nachhauseweg meiden wir einsame Straßen und dunkle Ecken. Britische Universitäten ermuntern ihre Studentinnen seit einiger Zeit, Getränke in Clubs nur in Flaschen zu kaufen und den Daumen auf dem Hals zu lassen, um zu verhindern, dass aus einer Cola ein Drogencocktail wird. K.-o.-Tropfen oder Liquid Ecstasy sind keine witzigen Partyüberraschungen, sondern Körperverletzung. Diese Drogen haben nichts in unseren Getränken verloren und sind niemals der Auftakt zu einer geilen Nummer, sondern ein Verbrechen.

MÄNNER SIND KEINE AFFEN

Die Frauenbewegung der Siebziger erkannte Vergewaltigung als gesellschaftliches Problem. Mitte der Neunziger sprachen sich die Vereinten Nationen für eine »Beseitigung der Gewalt gegen Frauen« aus; die Weltgesundheitsorganisation stufte die Folgen von Gewalt nicht als Gesundheitsproblem *von* Frauen, sondern als Risikofaktor *für* Frauen ein. Heutzutage wird jede fünfte Frau weltweit mindestens einmal in ihrem Leben vergewaltigt, so die feministische UN-Organisation UNIFEM. In Südafrika wurden 2003 laut South African Institute for Race Relations etwa 150 Frauen am Tag vergewaltigt, in den USA alle 90 Sekunden eine, so das US-amerikanische Justizministerium im Jahr 2000. Das Bundeskriminalamt meldete für Deutschland 2006 über 8000 Fälle. Für die Studie »Rape: Still a forgotten issue« schrieben zwei Wissenschaftlerinnen die Justizministerien aller europäischen Länder an, um einen Vergleichswert für angezeigte Vergewaltigungen zu erhalten. Für das Jahr 2001 ermittelten sie Folgendes: In Deutschland wurden 7891 Vergewaltigungen gemeldet. Da Vergewaltigung zu den Verbrechen gehört, die am seltensten angezeigt werden – besonders, wenn es sich um Vergewaltigung in der Ehe beziehungsweise Familie handelt –, sind die Zahlen in Wirklichkeit weit höher. Das bestätigt auch die »In-depth study on all forms of violence against women« der Vereinten Nationen von 2006.

Selbstverständlich ist nicht jeder Typ aufgrund seines Schwanzes ein potenzieller Vergewaltiger. Doch immer noch betrachten uns zu viele Männer als Ware eines Supermarkts, über die sie frei verfügen können. Inspiriert durch gewaltverherrlichende Pornofilme, idiotische Stammtischbemerkungen, ein paar Bier zu viel oder die falschen Vorbilder, übergehen sie einfach die Tatsache, dass wir Nein meinen, wenn wir Nein sagen. In der *Bild*-Kolumne »Post von Wagner« schrieb Franz Josef Wagner an einen Jungen, der wegen des Vorwurfs der Vergewaltigung einer Dreizehnjährigen in einem türkischen Gefängnis in Untersuchungshaft war: »Du bist der erste Junge, der im Gefängnis sitzt, weil er die Frauen nicht versteht. Wenn sie Ja sagen, meinen sie Nein. Und wenn sie Nein sagen, meinen sie Ja. Das, mein Lieber, kannst du mit 17 nicht wissen – das kannst du erst wissen, wenn du so alt bist wie ich.« Brandstifter!

Wagner polemisiert, kokettiert damit, dass Frauen und Männer einander eben nicht verstehen könnten. Dieses Klischee wird seit Jahrhunderten als Vorwand missbraucht. Die Frauenbewegung hat es bis zum Erbrechen angeprangert. Es gilt weder für einen siebzehnjährigen Schüler und noch viel weniger für den vierundsechzigjährigen Chefkolumnisten der Springer-Presse als Entschuldigung: Wer Nein sagt, meint Nein. Aus. Ende der Diskussion.

In vielen Musikvideos umtänzeln dralle Bikini-Schönheiten einen Sänger, der sich dann die schnappt, die ihm am besten gefällt. Ein Pop-Märchen – wie ein retuschiertes Foto fern der Realität. Schwierig wird es, wenn Männer auch im wirklichen Leben glauben, dass sie sich jederzeit die Frau nehmen können, die ihnen gerade gefällt, egal, ob sie Ja, Nein oder Vielleicht sagt. Wir sind keine Bikini-Hasen aus Musikvideos oder Illustrierten und auch nicht mit den Fickpartnerinnen aus Pornofilmen zu verwechseln. Im *Zeit-Magazin Leben* äußerte der Kriminalpsychiater Hans-Ludwig Kröber, er akzeptiere »seelische Notlagen, schlimme Kindheit und ähnliche soziale Verwerfungen« nicht als mildernde Gründe für eine Gewalttat. Ab einem gewissen Alter sei der Mensch »für sein Gesicht selbst verantwortlich«.

Manche Männer verbinden Sexualität mit Gewalt. Das kann mit einem anzüglichen Klaps auf den Hintern der Bedienung beginnen und mit der Vergewaltigung einer Kollegin auf der Weihnachtsfeier enden. Diese Assoziation müssen wir torpedieren. Denn egal, ob Vater, Freund, Bekannter oder ein Fremder auf dem Feldweg der Täter ist, egal, ob *date raping*, *binge raping*, Stalking, Missbrauch, sexuelle Belästigung, Nötigung oder Demütigung die Benennung ist, egal, ob es sich um bestialische Verbrechen an afrikanischen oder afghanischen Frauen in Kriegszeiten oder eine Vergewaltigung in einer modernen Großstadt handelt – niemand hat das Recht, uns Gewalt anzutun! Und deshalb müssen wir kämpfen.

NEIN SAGEN – MIT WORTEN UND FÄUSTEN

Aus den Polizeiberichten: Eine Einundzwanzigjährige in Bremen schlug einen Angreifer durch Fußtritte und Faustschläge in die Flucht. Eine Sechsunddreißigjährige in Bochum vertrieb ihren Angreifer durch heftige Gegenwehr, obwohl sie ziemlich betrunken war. Eine Einundzwanzigjährige in Goslar entkam drei Männern, die sie vergewaltigen wollten. Die Polizei bestätigt immer wieder, dass vier von fünf Vergewaltigungen verhindert werden, wenn die Frau sich gegen den unbekannten Angreifer wehrt. Schreien, treten, um sich schlagen: Wir müssen den Schreck und die oft damit verbundene Erstarrung überwinden. Denn wir sind keine Opfer, die vor dem bösen Mann mit dem großen Schwanz versteinern müssen, wir können uns wehren, gegen einen Fremden ebenso wie gegen jemanden, den wir kennen.

Zuerst müssen wir lernen, unmissverständlich Nein zu sagen, wenn wir Nein meinen. Das erste Nein stärkt das Selbstbewusstsein schon so sehr, dass das zweite und dritte nicht mehr so schwerfallen. Und wenn Nein Nein heißen soll, müssen wir dabei auch konsequent bleiben. Das ist leichter gesagt als getan, schließlich wurden wir von klein auf zu Höflichkeit und Zurückhaltung erzogen. Dennoch müssen wir unsere Grenzen deutlich ziehen.

Ein freundliches Lächeln ist keine Ermunterung zu einem Griff an unsere Brüste. Ein Kinobesuch muss nicht in einem fremden Bett enden. Und nach einem Kuss muss nicht automatisch ein Fick kommen. Das können wir klar sagen – und dabei mal nicht nett sein. Höflichkeit ist hier nicht angebracht, wir müssen bestimmt sein: eine Hand, die sich unaufgefordert unter unsere Kleidung drängt, wegschieben; ein Angebot für eine schnelle Nummer, die uns abstößt, zurückweisen. Dabei können wir auch laut werden. Auf uns aufmerksam machen und damit den bloßstellen, der uns belästigt. Die Polizei empfiehlt, »Feuer, Feuer!« zu rufen, da sich dadurch auch andere Leute bedroht fühlen und eher zu Hilfe eilen. Außerdem überrascht man den Angreifer damit. Unserer Fantasie sind keine Grenzen gesetzt: Handtaschen, Pfeffersprays, Fahrradschlösser sind ebenso Waffen wie gehobene Knie oder Ellbogen, Fäuste oder Fußtritte. Wer einen Selbstverteidigungskurs besucht hat, kennt viele Möglichkeiten des Körpereinsatzes. Und Weglaufen ist auch keine Schande!

Doch nicht nur auf uns selbst, auch aufeinander müssen

wir aufpassen – auf der Straße, im Bus, an Schule und Uni, im Job und auch im Nachtleben. Wir müssen auf unsere Freundinnen, Schwestern, Cousinen und Kolleginnen achten, aber auch auf fremde Frauen. Wenn wir sehen, dass eine Frau belästigt wird, sollten wir ihr beistehen. Wenn wir bemerken, dass eine Frau plötzlich zusammenbricht, können wir dafür sorgen, dass sie tatsächlich nur nach Hause gebracht wird.

Wir müssen Gewalt, die gegen uns gerichtet ist, öffentlich machen und Anzeige gegen den Täter erstatten. Sexuelle Belästigung oder Stalking sind Dinge, gegen die wir uns mit einer Anzeige zur Wehr setzen können. Vergewaltigung ist ein »Offizialdelikt«, das heißt, Polizei und Staatsanwaltschaft werden jedem Hinweis nachgehen. Vergewaltigung verjährt in schweren Fällen erst nach zwanzig Jahren, und das erst ab dem achtzehnten Lebensjahr gerechnet. Wurde ein Mädchen also mit siebzehn sexuell attackiert, kann sie den Täter bis zu ihrem achtunddreißigsten Lebensjahr anzeigen.

Eine Anzeige schützt auch andere Frauen, die möglicherweise das nächste Ziel eines Angriffs sein könnten. In den meisten deutschen Großstädten gibt es Frauennotrufnummern und Beratungsstellen, an die sich Frauen mit Gewalterfahrungen wenden können. Die Zentrale Geschäftsstelle der Polizeilichen Kriminalprävention der Länder und des Bundes schreibt: »Um der sexualisierten Gewalt langfristig entgegenzuwirken, bedürfen die vielerorts gängigen Leitbilder, Werte, Vorurteile und Mythen einer intensiven Überprüfung und Wandlung.« Es geht also nicht nur darum, Frauen zu stärken. Auch Männer müssen – schon als Jungs – endlich so erzogen werden, dass sie kein alter *Bild*-Zeitung-Knacker noch mit »Nein heißt Ja« beeindrucken kann. Und an den Schulen muss es Aufklärungskurse für Jungs genauso wie Selbstverteidigungskurse für Mädchen geben.

Die Gefahr ist groß, dass sich eine vergewaltigte Frau

in ein körperlich wie seelisch zerstörtes Wrack verwandelt, voller Scham und Schuldgefühlen gegenüber dem, was sie geschehen ließ, gegen das sie nichts ausrichten konnte. Doch genau dort beginnt schon die Möglichkeit zur Gegenwehr: Sagen wir »ich wurde vergewaltigt«, begeben wir uns bereits durch die Wortwahl in die Passivität. Erklären wir, »ein Fremder«, »ein Arbeitskollege«, »mein Freund«, »mein Vater hat mich vergewaltigt«, verlassen wir die Position des Opfers und klagen den an, den die Schuld trifft. Sprechen wir laut darüber und ziehen – etwa nachträglich über eine Anzeige – den Angreifer zur Verantwortung, stellen ihn und seine Gewalttat in die Öffentlichkeit, macht uns das stark und mutig. Wenn wir lernen, uns zu wehren, für uns selbst einzustehen, und dabei auch ein feministisches Bewusstsein füreinander entwickeln, sind wir nicht mehr hilflos.

PORNO: FICKEN, BLASEN, FRAUENHASS?

Achtung, jetzt wird es schmutzig. Wir müssen über Pornografie reden. Denn die spielt in der feministischen Diskussion um Gewalt schon lange eine wichtige Rolle: die des Buh-Mannes nämlich. Vor allem das feministische Establishment in Deutschland hält Pornografie für essenziell frauenverachtend – und irrt. Pornografie hat ihre äußerst problematischen, teilweise verstörenden Aspekte. Doch sie besteht nicht ausschließlich aus ihnen, im Gegenteil, gute Pornografie kann durchaus Spaß machen und sogar inspirierend sein. Es kommt eben darauf an, zu unterscheiden.

Grundsätzlich bezeichnet der Begriff »Pornografie« jede Form von Text oder Darstellung, die zur sexuellen Erregung eines Konsumenten dient. Wenn in diesem Buch von Pornografie die Rede ist, sind sexuelle Darstellungen von mündigen Erwachsenen gemeint. Nicht Missbrauch von Kindern. Der Begriff der Kinderpornografie ist ohnehin eine Verharmlosung und sollte durch den Ausdruck »sexuell motivierte Folter von Kindern« ersetzt werden. Gemeint ist auch nicht Filmmaterial, das Vergewaltigungen oder irgendeine andere Form von Zwang beinhaltet. Es geht jetzt schlicht um die bildliche, explizite Darstellung von Sexytime – und was sie für uns bedeutet.

Manche Leserinnen und Leser werden sich an dieser Stelle vielleicht fragen, was Pornografie mit Alphamädchen oder jedenfalls einem modernen, emanzipierten Lebensentwurf zu tun haben soll. Wir sind jung, wir sind weiblich – wir sind in der Lage, unseren Sex selbst zu haben, anstatt anderen dabei zuzusehen. Überhaupt: Ist Pornogucken nicht etwas für schmuddelige, einsame Menschen mittleren Alters oder auch Jungscliquen mit Spontanerektionen und Kekswichs-Contests?

Weit gefehlt. Pornografie ist schon lange kein Nischenprodukt mehr, sondern eine boomende Branche. Im Internet ist pornografisches Material jeglicher Art mittlerweile für jeden frei verfügbar, und es liegt nicht nur auf den Festplatten und DVD-Spielern von Privatpersonen herum. Auch kulturell ist die Pornografie mehr oder weniger salonfähig, ihre Ästhetik zu zitieren gilt als stylisch und rebellisch. In der Mode, in Hiphop-Videos, auch in der Independent-Szene wird sie zitiert, verklärt, ironisiert.

Der zweitgrößte Pornomarkt der Welt befindet sich in Deutschland. Geschätzte 800 Millionen Euro setzt die Industrie hier jährlich um. Vier Prozent aller Pornofilme werden in Deutschland hergestellt, auch die weltweit größte Erotikfachmesse findet bei uns statt: die »Venus« in Berlin.

Pornografie ist nicht ausschließlich ein Freizeitvergnügen der sogenannten Unterschicht, wie immer wieder suggeriert wird. Vielmehr ist davon auszugehen, dass der Kassierer im Supermarkt, die Bibliothekarin und wahrscheinlich auch der Archäologie-Professor sich zu irgendeinem Zeitpunkt mit Nackedeis im Bild beschäftigt haben. Pornografie ist so etwas wie der Fuerte-Cluburlaub des Entertainments: Auch wenn du ihn vielleicht selbst nie gemocht hast, hast du garantiert Bekannte, die total darauf stehen, und würdest ihn vielleicht selbst auch gern mal buchen.

Mainstream-Pornografie ist dafür bekannt, sich beinahe ausschließlich an Männer und ihre vermeintlichen Wünsche und Fantasien zu richten. Frauen sind in diesen Filmen selten mehr als Mittel zum Zweck. Der Natur der Sache gemäß beschäftigt Pornografie Feministinnen also ganz besonders. Schon seit den siebziger Jahren gehört sie zu den wichtigsten Aspekten der feministischen Debatte, der Streit um den Umgang mit ihr hat wie kaum ein anderes Thema die feministische Bewegung gespalten.

Erst im Herbst 2007 startete die Zeitschrift *Emma* eine Anti-Porno-Kampagne – die dritte in der Geschichte des Blattes. Bittere Kämpfe werden nach wie vor darum gefochten, wie man als Frau richtig mit dem Thema umgehen sollte. Dabei ist die Frage: Gibt es überhaupt den einen richtigen Umgang? Wir alle, Frauen und Männer, sind von dieser Frage betroffen. Es führt also kein Weg daran vorbei, über die Rolle der Pornografie in unserer Welt nachzudenken.

WAS FEMINISTINNEN ÜBER PORNOGRAFIE SAGEN

Es ist gar nicht einfach, zu dem Thema eine widerspruchsfreie Haltung zu entwickeln. Und vor allem als aufgeklärte, heterosexuelle Frau wächst die Verunsicherung in dem Maße, in dem man sich mit der Thematik auseinandersetzt.

Für viele Feministinnen der alten Schule stand nie infrage: Pornografie ist Prostitution, mit dem einzigen Unterschied, dass das Verhältnis zwischen Hure und Kunde über die Kamera läuft, und gehört somit genauso verboten. Schon wenn es um die etymologische Herleitung des Wortes geht, wird der Vorbehalt deutlich. Das altgriechische *porna* bedeutet »Hure«, »Hurer«, »Unzüchtiger«, *graphos* heißt Schrift. Liest man in einem *Emma*-Buch über den Ursprung des Begriffs, heißt Pornografie »Darstellung der Hure« und wird als klarer Hinweis auf die frauenverachtende Essenz des Ganzen gehandelt. Es ist aber auch möglich, Pornografie mit »unzüchtige Darstellung« zu übersetzen. Frauenfeindlichkeit steckt da so erst einmal nicht drin.

Die feministische Anti-Porno-Fraktion prangert die Darstellung der Frau in Pornofilmen als objektifizierend und degradierend an. Frauen, so die gängige Argumentation, bestünden in der Pornografie ausschließlich aus Körperöffnungen. Sie würden als unersättliche, ewig willige sexuelle Dienstleisterinnen dargestellt. Zwang, Vergewaltigung, Sadismus bis zum Mord gehörten zum Arsenal der pornografischen Frauenfeindlichkeit. Männermagazine und Pornofilme feierten den Mythos von der Frau, die mit Gewalt genommen werden wolle. Und Männer, die sich all das zu Gemüte führten, übertrügen dieses Bild früher oder später auf die Realität. Also: Sexuelle Gewalt gegen Frauen und auch Kinder werde durch Pornografie salonfähig. Und der pornografische Inhalt wiederum entspringe der zutiefst männlichen Fantasie der lustvollen Vergewaltigung.

Aus diesem Grund begann in den achtziger Jahren der juristische Kampf der Feministinnen gegen die Pornografie. In den USA entwarfen die Radikalfeministinnen Andrea Dworkin und Catherine MacKinnon ein Gesetz, das Pornografie als sexuelle Diskriminierung verbieten sollte. In Deutschland übernahm Alice Schwarzer dieses Konzept und strebte mit ihrer PorNo!-Kampagne seit Ende der achtziger Jahre ein komplettes Verbot an. 1993 wurde die Kinderpornografie verboten, was Alice Schwarzer begrüßte, allerdings mit dem Einwand, dass Frauen ja nach wie vor »vogelfrei« seien. Für sie besteht kein substanzieller Unterschied zwischen Pornografie, in der Erwachsene freiwillig mitspielen, und Pornografie, zu der Kinder gezwungen werden. Nach ihrer Logik ermöglicht und fördert also auch der ganz normale Pornografiekonsument Kindesmissbrauch. Übrigens: Auch rechtsradikale Gewalt steht nach Schwarzer in direktem Zusammenhang mit Pornografie. Heute fordert sie immer noch ein Verbot des Genres.

Abgesehen davon, dass ein solches Verbot weder wünschenswert ist noch in einer demokratischen Gesellschaft juristisch und praktisch umsetzbar, hat die feministische Pornoanalyse drei große Schwächen. Erstens gibt es nach wie vor keinen Beweis dafür, dass Pornokonsum Gewalt verursacht. Ähnlich wie bei der Killerspiele-Debatte wird hier ein Medium verantwortlich gemacht für die Taten von Menschen. Ja, es gibt Männer, die Frauen und Kinder vergewaltigen, um ihre brutalen Pornofantasien von gefügigen Opfern Realität werden zu lassen. Aber sie tun das nicht, weil die Pornos ihnen das so vorgeschrieben hätten. Ein Mensch muss bereits die entsprechende Disposition haben, um sich überhaupt exzessiv mit solchen Filmen zu beschäftigen – und das Gesehene dann auch noch mit der Wirklichkeit gleichsetzen zu wollen.

Dagegen lassen sich genügend Menschen, auch Frauen, einfach hin und wieder gern von sexuell explizitem Material inspirieren. Und zwar zum Vergnügen. Nicht aus Sadismus. Ihnen zu unterstellen, sie würden sich alle unterbewusst darauf einstellen, demnächst eine Frau zu vergewaltigen, ist ungerecht.

Zweitens haben feministische Pornogegnerinnen ihr Material immer genau so ausgewählt, dass es ihre Thesen stützte. In ihren Analysen tauchen immer nur extrem brutale, entwürdigende Beispiele auf, unerwähnt bleibt, dass es auch massenhaft gewaltfreie Pornografie gibt und in den wenigsten Filmen Frauen vergewaltigt oder gar zerstückelt werden. Man kann ihnen daraus keinen Vorwurf machen. Denn Andrea Dworkin war keine Wissenschaftlerin, und Alice Schwarzer ist keine Journalistin im klassischen, neutralen Sinne. Ihre Werke sind Polemiken, sie haben eine Agenda, und Ausgeglichenheit hätte ihre Anliegen nicht weitergebracht. Doch wir brauchen eine sachliche, feministische Position zu dem Thema.

Denn, und das ist der dritte große Fehler: Was mit der weiblichen Sexualität ist, hat für die Pornogegnerinnen nie eine Rolle gespielt. Klar ist für sie offenbar nur, dass Frauen genetisch auf antipornografisch programmiert sein müssen und auch sonst immer nur mit vollem emotionalen Einsatz vögeln. Ganz gerecht ist das uns gegenüber ja nicht. Denn auch wir haben ein Recht und manchmal Lust darauf, Männer und Frauen bisweilen als reine Objekte unserer Begierde zu behandeln, ohne deswegen gleich mit ihren Seelen kommunizieren zu müssen. Auch wir wollen Sex manchmal ausschließlich zu unserem Vergnügen, ohne uns gleich mit dem jeweiligen Partner romantisch verbinden zu wollen. Und unsere Sexualität ist nicht so selbstgenügsam, als dass ihr ein bisschen guter Porno nicht auch auf die Sprünge helfen könnte. Nur dass der meiste Mainstream-Schrott für uns absolut unattraktiv ist. Dabei ist gute, frauenfreundliche Pornografie durchaus möglich. Sie ist nur nicht besonders weit verbreitet.

EIN ÜBLES GESCHÄFT

Das Problem ist nicht, dass es Pornografie gibt, sondern, wie sie gemacht wird. Die feministische Anti-Porno-Fraktion verkennt das. Zum einen sind da die Bedingungen, unter denen Pornoproduktionen ablaufen. Das Business gilt allgemein als ziemlich hart, der amerikanische Schriftsteller Martin Amis bezeichnete es 2001 in einem Artikel im britischen *Guardian* als »rough trade«, das Frauen verbrauche wie billige Rohstoffe. In den letzten Jahrzehnten wurde Pornografie zur Massenware, und so wird sie heute produziert – möglichst billig und ohne Rücksicht auf Verluste. Die internationale Entwicklung des Outsourcings in Länder mit niedrigen Löhnen hat auch im Pornobereich Einzug gehalten.

Die Folge ist: Die Darstellerinnen und Darsteller verdienen immer schlechter und müssen, wenn sie im Geschäft bleiben wollen, immer härteren Praktiken zustimmen. So galten Analsexszenen vor einigen Jahren noch als Extraleistung und wurden auch als solche bezahlt, heute gehören sie zum Standardrepertoire, das eine Darstellerin bieten muss. Und auch die Zahl der Partner, die pro Szene auf eine Darstellerin oder einen Darsteller kommen, ist gestiegen. Von den oftmals ohnehin drogenabhängigen oder verschuldeten Darstellerinnen und Darstellern wird verlangt, auf Kondome zu verzichten, weil Zuschauer diese angeblich nicht gern sehen wollen – dementsprechend hoch ist die HIV-Rate in der Szene. Verschärft wurde die Situation aufgrund der Überschwemmung des Marktes mit hausgemachtem Material, das im Internet für sehr wenig Geld oder sogar kostenlos zu haben ist. Die Hersteller müssen sich im Preis immer weiter unterbieten. Diese Situation ist beklagenswert, und sie zu verbessern gehört auf jede moderne feministische Agenda. Doch deswegen muss man nicht dem ganzen Genre eine Absage erteilen.

Für Mainstream-Pornografie spricht in der Tat sehr wenig. Man kann das vergleichen mit Produkten aus Sweatshops oder Massentierhaltung: Die Herkunft ist moralisch verwerflich, die Qualität erbärmlich. Sagen wir es so: Der durchschnittliche Hardcore-Porno ist alles andere als interessant oder erotisch anzusehen. Gewiss ist das auch eine Frage des Geschmacks, aber ganz sicher ist: Für uns werden diese Filme nicht gemacht.

Es ist immer dasselbe einfache Schema: Mann trifft Frau in einer beliebigen Situation und bringt sie innerhalb weniger Minuten dazu, sich partiell zu entkleiden. Es folgen Variationen von Oralsex. Dann geht man zum Standardgeschlechtsverkehr in verschiedenen Positionen über, was irgendwann in Analsex mündet. Im Wesentlichen nimmt die Kamera Fokus auf die Genitalien. Üblich sind auch Szenen, in denen sich weitere Personen in das Geschehen einklinken. Frauen müssen dann etwa mehreren Männern abwechselnd einen blasen oder haben mit mehreren Männern Geschlechtsverkehr. Hin und wieder lässt sich auch ein Mann von mehreren Frauen bedienen. In jedem Fall sind Frauen diejenigen, denen es »besorgt wird«, die dem Mann zur Verfügung stehen, und sie sind meist die Befehlsempfängerinnen. Es sind vor allem ihre Körperteile – Brüste, Hinterteile, Vaginas –, die im Mittelpunkt stehen.

Im herkömmlichen Porno findet nicht allzu viel statt, was ein Mädchen antörnt. Fremde Genitalien und das mechanische Rein-Raus verlieren schnell an Reiz, und man ertappt sich dauernd dabei, an wundgescheuerte Körperöffnungen und Oralsex-induzierten Kieferkrampf zu denken. Außerdem sind die Typen oft schmierig, die Frauen haben immer zu lange Fingernägel, und der erzählerische Kontext um das Rammeltheater ist zumeist so fadenscheinig, dass er das anspruchsvolle Sexkino im weiblichen Kopf nicht unbedingt zum Laufen bringt. Erst recht nicht, wenn man weiß, dass die Darstellerinnen mit höchster Wahrscheinlichkeit mies bezahlt sind und auf Droge.

Dennoch gibt es gute Gründe, sich mit Pornografie auseinanderzusetzen – weil sie eben so eine signifikante Wirkung auf unsere Gesellschaft ausübt, die bei weitem nicht nur positiv ist. Aber auch weil Pornos, wenn sie gut sind, wie Förderunterricht für die eigene Fantasie sein können. Dass ein Großteil unserer Orgasmen allein durch die sexuellen Ideen in unserem Kopf in Gang kommt, wissen wir ja selbst. Erotisch explizite Bilder, Texte und Filme können uns in unserer Sexualität weiterbringen. Pornografie kann neue Dimensionen der eigenen Persönlichkeit eröffnen, wenn es einem bei den Bildern einer erotisch gefesselten Frau plötzlich zwischen den Beinen kribbelt. Oder man feststellt, dass die Fesseln eher langweilig, aber das, was eine andere mit dem Vibrator an ihrem Hintern tut, ziemlich interessant aussieht.

Damit Pornografie uns anspricht, muss sie einerseits komplexer und andererseits subtiler sein als das, was vor allem für Männer vorgesehen ist. Komplexer insofern, als dass für Zuschauerin und Zuschauer nachvollziehbar sein sollte, wie die Lust zustande kommt, und der Sexakt nicht »pornomäßig« inszeniert ist, sondern realistisch. Subtiler in der Hinsicht, dass Nahaufnahmen von Genitalien vernachlässigbar sind und Brutalität und Zwang nicht vorkommen dürfen.

Mittlerweile gibt es immer mehr Angebote, die sich explizit an Frauen richten, aber Männer genauso antörnen können. Die US-amerikanische Regisseurin Candida Royalle ist erklärte Feministin und eine Pionierin auf dem Gebiet, und auch die Französin Cathérine Breillat arbeitet sich an weiblicher Pornografie ab. In Deutschland erscheint immerhin seit 2006 das *Jungsheft*, ein alternatives, hübsch gemachtes Pornomagazin für Mädchen. Dass das Genre keine reine Männerangelegenheit sein kann, sieht man auch an der Vielzahl von Lesbenpornos.

Dennoch ist das Angebot spärlich, und es gibt in Deutschland bisher nur wenige spezielle Läden dafür. Das Beste, was man tun kann, ist, sich im Internet umzusehen – natürlich erst ab achtzehn – oder sich Wissen und Inspiration anzulesen. Corinna Rückerts Buch »Die neue Lust der Frauen« ist dafür zum Beispiel hilfreich.

Viele Frauen interessieren sich heute für pornografische Darstellungen und definieren sich stark über ihre offen ausgelebte Sexualität. Die Feministinnen der alten Schule würden sie der Kollaboration mit den Frauenhassern bezichtigen. Doch tatsächlich ist es sogar feministisch, sich mit Pornografie zu beschäftigen – weil wir dadurch die Möglichkeit haben, uns selbst aus der Objektperspektive zu nehmen, in die wir so oft gesteckt werden. Unsere Sexualität definieren wir und niemand anders. Nicht die Porno-Regisseure in der Mainstream-Industrie. Aber auch nicht Feministinnen, die uns erzählen, wie wir Lust empfinden und was uns erniedrigt.

EINE RUNDE FÜR DIE MÄNNER

Die Diskussion um die Pornografie ist einer der Gründe, warum Feminismus so oft als lustfeindlich verstanden wird, vor allem was die Lust der Männer und Männer ganz im Allgemeinen betrifft. Deswegen ist es besonders wichtig, dass wir den Männern in unserem Umfeld klarmachen, dass es sich dabei um einen besonders schwerwiegenden Irrtum handelt. Es geht nicht nur um Sex: Das Verhältnis zu unseren Männern beschränkt sich ja meistens nicht auf ein gelegentliches Andocken der Geschlechtsorgane – wir leben und lieben auch mit ihnen. Gleich vorneweg, mit Feminismus ist das erst einmal nicht unbedingt einfacher, aber sicher besser. Darauf deutet sogar eine Studie der US-amerikanischen Rutgers-Universität aus dem Herbst 2007 hin. Ein Psychologenteam fand heraus, dass sich Paare, bei denen sich die Frau als Feministin bezeichnete, als glücklicher und stabiler einstuften als diejenigen ohne feministischen Einfluss.

Gerade aus dem ersten Jahrzehnt der Frauenbewegung liest man viele Geschichten von Ehen und Partnerschaften, die in die Brüche gingen, als der Feminismus ins Spiel kam. Entweder weil die Frau sich weigerte, ihre alte, finanziell abhängige Hausfrauenrolle weiter auszuüben, oder der Mann nicht mit ihrem neuen, aufgeklärten Bewusstsein klarkam. Oder weil sich herausstellte, dass die Beziehung eben nur auf Abhängigkeit und Unterdrückung beruhte. Oder weil die Frau auszog, um mit den anderen Emanzen zu spielen.

Zumindest standen plötzlich haufenweise Männer ohne Frau da, und damit ohne Haushälterin, Köchin und Sexpartnerin. Das war natürlich traumatisierend und ist wahrscheinlich ein Grund, warum noch heute viele – auch junge – Männer erst mal misstrauisch bis verstört reagieren, wenn sie Feminismus wittern.

Immer wieder begegnen wir Männern, die mit echter Gleichberechtigung nicht zurechtkommen. Sie fürchten »die Emanze«, sie pflegen altmodische Vorstellungen von Weiblichkeit. Sie lassen ihre Freundinnen im Freundeskreis eher nicht so gern zu Wort kommen und sich noch mit Ende zwanzig von ihrer Mutter die Wäsche waschen.

Diese Männer haben nie gelernt, dass Frauen gleichwertige Menschen sind. Sie ertragen es nicht, erfolgreiche Frauen an ihrer Seite zu haben. Sie trennen sich von ihren Freundinnen, wenn die zu viel Stress mit ihren Klausuren und Projekten haben, und suchen sich ein unterambitioniertes, desinteressiertes Persönchen, das sie nach einem Jahr betrügen. Den eigenen Ehrgeiz und den ihrer Kumpels finden sie ganz normal. Bei einer Frau finden sie ihn »unweiblich«.

Manche Frauen halten derartige Typen für besonders begehrenswert. Deswegen schlüpfen sie bereitwillig in die Rolle des harmlosen, anschmiegsamen Weibchens. Sie kultivieren keinerlei Interesse außer an ihrer Figur und Maniküre und warten auf den hochgewachsenen Großverdiener, der ihnen ein angenehmes kleines Leben bereitet. Viel Spaß dabei. So ein Leben mündet geradewegs in ein ständiges Wechselbad von Frust und Langeweile, versprochen.

Nun bereitet uns dieser ganz besonders unsympathische Typ Mann weniger Schwierigkeiten, weil wir ihn in der Regel meiden. Aber selbst enorm aufgeklärte junge Männer kommen nicht immer problemlos damit zurecht, wenn sie feststellen, dass die tolle Frau an ihrer Seite den entsprechenden Stress hat, den ein interessantes Leben so mit sich bringt. Dann verwandelt sich die Bewunderung schon mal schnell in Vorhaltungen. Gerecht ist das nicht: Ein Mann, der vor lauter Arbeit sein Privatleben vernachlässigt, darf das sehr lange mit seinem Ehrgeiz rechtfertigen, bevor man ihn für einen Workaholic hält. Eine Frau, die sich so verhält, gilt schneller als karrierefixiert und irgendwie emotional verkümmert, als sie dazu kommt, ihre erste Gehaltserhöhung zu fordern.

So kann das nicht weitergehen. In unserer Generation sind wir jungen Frauen in Schule, Studium und Beruf genauso zielstrebig und oft sogar erfolgreicher als unsere männlichen Altersgenossen. Wir sind so ehrgeizig wie die Jungs – das müssen sie anerkennen, auch und gerade, wenn sie mit uns zusammen sein wollen. Die Leistungsorientiertheit unserer Gesellschaft macht es den Menschen schon schwer genug, das Berufliche und das Private ausgewogen zu vereinen. Da sollten wir Frauen und Männer es uns nicht noch schwerer machen, sondern uns lieber gegenseitig unterstützen.

Wir wollen nicht gegen unsere Männer kämpfen, im Gegenteil: Indem wir Feministinnen sind, kämpfen wir für sie mit. Und weil wir gemeinsam mutiger und stärker sind, müssen wir den Jungs in unserem Leben – Freunden, Brüdern, Partnern – klarmachen, dass wir sie dabeihaben wollen und warum Feminismus auch für sie gut ist.

MÄNNER VOR!

Eigentlich ist der moderne Mann bereits Feminist. Er weiß es nur nicht. Er ist für Gleichberechtigung und Gerechtigkeit. Lautes chauvinistisches Gegröle und Schwanzvergleiche jenseits der Pubertät sind ihm suspekt. Er sieht nicht ein, was daran unmännlich sein soll, gern zu kochen oder sich für Mode zu interessieren. Er kümmert sich genauso selbstverständlich um seine Freundin, wenn sie krank ist, wie er sie unterstützt, wenn sie Bewerbungen schreiben muss. Und er will später mal genauso viel Zeit mit seinen Kindern verbringen wie deren Mutter.

Dass Männer so sind und sein dürfen, liegt insbesondere an der feministischen Bewegung. Denn erst sie knackte die traditionellen Rollenbilder vom mächtigen, gefühlsarmen Ernährer und der von ihm abhängigen, frustrierten Hausfrau und Mutter und machte es möglich, dass aus Frau und Mann gleichgestellte Partner werden konnten.

Der Feminismus hat also die Männer gleich mitbefreit. Allein schon deswegen sollten sie ihn lieben. Aber es wird noch besser: Eine Welt, in der alle feministischen Ziele verwirklicht sind, würde allen mehr Möglichkeiten bieten, ihr Leben zu gestalten. Wenn Frauen genauso viel verdienen wie Männer, ist es diesen auch möglich, weniger zu arbeiten. Und wenn Kinder da sind, können sie sogar problemlos bei ihnen zu Hause bleiben. Wenn Frauen sich nicht mehr permanent dem Schönheits- und Schlankheitswahn unterwerfen, haben sie mehr Spaß am Leben und Männer mehr Spaß mit ihnen. Und natürlich den Spitzensex, den wir ja schon erwähnt haben.

Letztendlich sind wir gleichberechtigt alle freier. Das müssen wir unseren Männern erklären – und wir müssen darauf bestehen, dass sie es begreifen. In manchen Fällen kann das ziemlich viel Mühe kosten. Aber die sollten sie uns schon wert sein. Denn wie gesagt: Wir wollen sie nicht als unsere Gegner, sondern als unsere Verbündeten. Wir müssen ihre Aufmerksamkeit erregen für Ungerechtigkeiten, die sie übergehen würden, weil sie nicht von ihnen betroffen sind. Wir müssen ihnen abverlangen, dass sie ihr Verhalten in Alltag und Beruf ändern. Wir Frauen haben unsere individuellen Ansprüche schon verändert, doch die Strukturen – die Arbeitswelt, die Politik – haben sich nicht angepasst. Erst wenn geschlechterübergreifend alle mitziehen, wird sich wirklich etwas bewegen.

Es klingt vielleicht trivial – aber wenn wir wollen, dass sich die Verhältnisse ändern, müssen wir bei uns selbst anfangen: in unseren Beziehungen, nicht nur, aber auch zu den Männern. So wie nach der feministischen Losung das Private politisch ist, muss das Politische aber auch privat stattfinden. Formal gesehen haben wir die Gleichberechtigung. Jetzt müssen wir die politischen Realitäten in unser persönliches Leben übersetzen. Sonst haben wir die Emanzipation am Ende nämlich doch noch verpulvert.

NUR DEKO:
FRAUENBILDER IN DEN MEDIEN

Als junge Mädchen lesen wie *Bravo* und hoffen auf eine Knutscherei noch vor dem Ende der Feste-Zahnspange-Zeit. Später entdecken wir sexy Fotos im Netz und haben plötzlich auch das Bedürfnis, welche online zu stellen. Wir betrachten die Werbung für eine Automarke und fragen uns, ob wir mit hohen Absätzen wirklich Gas geben können. Wir sehen im Fernsehen eine Braut mit wunderbar glänzendem Haar – und überraschen unseren Freund mit einem Gespräch übers Heiraten.

Durchschnittlich zehn Stunden verbringen die Deutschen pro Tag mit Medien: Fernsehen, Radio, Zeitungen, Zeitschriften, Büchern, Musik, Filmen und Internet. Dieses Ergebnis der ARD/ZDF-Langzeitstudie »Massenkommunikation« wurde Ende 2005 veröffentlicht; inzwischen könnte der Konsum sogar noch gestiegen sein.

Zehn Stunden pro Tag sind extrem viel, zumal wir oft auch mehrere Medien gleichzeitig konsumieren, wenn zum Beispiel das Mobiltelefon die News des Tages empfängt und uns mit Fotos und Musikdateien versorgt, während wir gleichzeitig fernsehen und online sind. Die Informationen und Eindrücke, die wir aktiv und passiv aufnehmen, wirken sich aus auf unser Denken, unsere Wahrnehmung, unsere Meinung, unsere Stimmung und unser Handeln. Kurz: Wir werden zehn Stunden täglich von den Medien beeinflusst –

und auch von einer Menge Mist. Denn das Bild, das die meisten Medien von Frauen zeichnen, entspricht eher billigen Männerfantasien als der Realität.

SEX, SEX, SEX

Die *Bild*-Zeitung lesen täglich etwa 3,5 Millionen Menschen in Deutschland. Was sehen sie auf dem Titelblatt? Jeden Tag eine andere fast nackte Frau, die laut Bildunterschrift offenbar gern noch viel mehr ausziehen würde. Ähnliches bietet der *Stern* wie etwa Mitte 2007 in einem Bericht über Kuba. Da Sex nach Meinung des Autors »das beliebteste Gesellschaftsspiel auf der Insel« sei, wurde auch das Foto einer farbigen Frau abgebildet. Ihr Gesicht war nicht zu sehen, dafür aber ihre nackte, feuchte Haut. Daneben erfuhr man: »Schweiß perlt auf der Haut der dunkelhäutigen Prostituierten. Männer schreiben den Frauen von halb europäischem, halb afrikanischem Blut Wunderkräfte zu. ›Die Mulattin kommt schon mit dem Teufel zwischen den Beinen auf die Welt‹, schwelgt der Dichter Alejo Carpentier.«

Purer Sexismus, gewürzt mit Poesie. Eine Ausgabe später fand eine Journalistin viel Verständnis für die außerehelichen Affären von Männern, die sich halt nicht so leicht entscheiden könnten. Sie ließ dabei aber keine Frau ungeschoren davonkommen, ob betrogen oder betrügerisch. Der *Spiegel* bringt eher wenige Geschichten über Frauen, dafür illustriert er umso öfter mit ihnen. Gern gesehen ist natürlich die Kanzlerin. Aber vor allem junge Frauen mit Parolen auf der nackten (Dekolleté-)Haut tauchen scheinbar wahllos und immer wieder als Dekoration neben Artikeln auf, egal ob über Studentenproteste oder Fußballfans.

Genauso geht es in der Werbung zu: lange Beine in hohen Schuhen im Vordergrund – im Hintergrund ein Auto. Bauch, Po, Oberschenkel, nackt bis auf einen roten Schal –

darunter der Schriftzug eines Telefonanbieters. Die Frau als Inbegriff des *sex sells* – mit weiblichem Sexappeal wird seit den sechziger Jahren fast jedes erdenkliche Produkt kombiniert. Besonders leicht bekleidete Frauenkörper sind Blickfang und Verkaufsargument zugleich, weil sie sexuelle Attraktivität thematisieren. Ob Sex und beworbenes Produkt zusammenpassen, wird ebenso ignoriert wie die Tatsache, dass die Kampagnen oft unverschämt frauenfeindlich sind. Eine Anzeige für eine Digitalkamera der Marke Nikon zeigt zum Beispiel zweimal das Bild derselben Frau in knapper Unterwäsche. Einmal fotografiert mit zwei Millionen Pixel, einmal mit drei Millionen Pixel: Plötzlich sind ihre Brüste viel größer.

Bis auf wenige Ausnahmen werben alle Möbelhäuser mit Prospekten, die viele spärlich bekleidete Frauen zeigen. In der Schlafzimmereinrichtung räkelt sich eine Frau in Schlafwäsche, im Wohnzimmer macht sich eine Frau im Bademantel als Deko-Element nützlich – Garderobe und Make-up farblich abgestimmt auf Polster und Stoffe.

Die größte Fleischbeschau aber findet in Musikvideos statt. Besonders in Hiphop-Clips tragen Frauen selten mehr als einen Pelzmantel zum knappen Bikini. Hordenweise umringen sie einen Rapper und wackeln mit Hüften und Brüsten im Takt von 50 Cent, Akon, Timbaland oder Snoop Dogg. In den Clips von Rihanna, Britney Spears oder Nicole Scherzinger wackeln die Sängerinnen zu ihrem eigenen Sound, in Stilettos und winzigen, eng anliegenden Stoffstücken.

Frauenkörper verkaufen sogar Kochsendungen besser. 2007 wurde die ZDF-Produktion »Lafer! Lichter! Lecker!« mit der »Sauren Gurke« ausgezeichnet. Die Teilnehmerinnen des Herbsttreffens für Frauen in den Medien verleihen diesen Anti-Preis an öffentlich-rechtliche Rundfunk- und Fernsehanstalten. Ausgewählt werden Beiträge, in denen

Frauen nicht vorkommen oder über ihren Körper definiert werden oder in denen Zuschauerinnen und Zuschauern »überidealisierende Rollenmodelle«, von der Übermutter über die Freizeit-Lolita bis zum Heimchen am Herd, aufgedrängt werden. Bei Lafer stießen Rezepte für »Täubchen an seiner Seite« oder »nougatgefüllte Marzipanpralinen auf zwei Beinen« den Jurorinnen übel auf.

Ende 2004 war die operativ verschönerte Frau Thema auf allen Kanälen: Die *Welt* schrieb von Brustvergrößerungen als Weihnachtsgeschenk, *Focus* berichtete über »Botox to go«-Angebote auf dem Berliner Kurfürstendamm, und im Fernsehen lief »The Swan – Endlich schön«. Sechzehn Frauen sollten sich in dieser Show »komplett verwandeln – vom hässlichen Entlein zum wunderschönen Schwan«, so die Werbung für die Sendung, die mit diesem Versprechen der guten alten Cinderella-Geschichte Konkurrenz machte. Am Ende der ProSieben-Show standen lauter wunderschöne Frauen vor einem großen Spiegel und erkannten sich selbst nicht mehr, so schön waren sie – schön im Sinne des medial geprägten ästhetischen Ideals.

Seit 2006 sucht Heidi Klum in einer Casting-Show auf ProSieben die nächsten deutschen Topmodels. Und gleich zu Anfang gab es einen Eklat, als ein Jurymitglied einem der laufstegwilligen Mädchen erklärte, sie sei zu dick für den Job. Journalistinnen, Politikerinnen und Mütter schimpften, heuchelten Empörung: So etwas würde den jungen Mädchen ein ganz falsches Körperbild vermitteln. Dass nun einmal kaum ein Mannequin mit Speckfalte berufliche Chancen hat, wurde ebenso unterschlagen wie die Tatsache, dass Dutzende von Frauenzeitschriften Woche für Woche »die besten Fett-weg-Tipps« geben oder »in nur fünf Tagen den Traum-Body« versprechen. Die Zeitschrift mit den meisten Diät-tipps ist *Bild der Frau* aus dem Axel-Springer-Verlag. Aufmacher in jeder einzelnen Woche des Jahres: eine Diät – die selten länger als sieben Tage dauert, denn dann erscheint ja schon die neue *Bild der Frau*. Mit einer neuen Diät. Übrigens wurde inzwischen sogar das einst emanzipierte Flaggschiff der Frauenzeitschriften, die seriöse *Brigitte*, den Bedürfnissen der medial beeinflussten Öffentlichkeit angepasst und behandelt heute auch brennende Themen wie die vollständige Intimrasur unter dem Stichwort »Beauty-Trends«.

BITTE ALLE HEIRATEN

Neben dem schlanken, schönen Körper gibt es noch einen Aspekt, der Frauen medial interessant macht – ihre Heiratsfähigkeit. Es gibt gute Gründe für die Ehe: von der Steuerersparnis bis hin zur großen Liebe, besiegelt durch ein offiziell anerkanntes Bündnis. Doch dass eine Frau nur dann das größte Glück erleben kann, wenn sie einen Mann heiratet, das ist der Stoff von Telenovelas.

In der ersten deutschen Telenovela, »Verliebt in Berlin« auf Sat.1, wurde die Hauptfigur, ein hässliches Entlein, nach vielen Abenteuern erst Geschäftsführerin eines großen Modehauses und dann ein schöner Schwan. Als Belohnung durfte sie ins Ehefrauendasein abtreten. Beruflicher Einsatz lohnt hier hauptsächlich deswegen, weil am Ende aller Anstrengungen die Hochzeit mit dem Chef winkt. Mit einem reichen Mann wurde auch die VIVA-Moderatorin Gülcan Karahanci belohnt: Als sie nach sieben Folgen schwerer Vorarbeit den Bäckererben Sebastian Kamps vor den Live-Kameras von ProSieben heiratete, trug sie ein Kleid, besetzt mit Swarovski-Kristallen. Außerdem hat sie jetzt einen Mann, der seine Millionen in den Tank eines Sportwagens und in sie investieren wird.

Es ist keine Neuigkeit, dass Hollywood-Filme für das Happy End die Hauptdarstellerin in die Arme ihres Traumprinzen manövrieren. Dass das auch für die Filme junger deutscher Frauen gilt, überrascht. Das Drehbuch zum Film »Schwesterherz« von 2007 schrieben immerhin zwei ehemalige »Girlies«, Ikonen des Postfeminismus: die Journalistin Johanna Adorján und Hauptdarstellerin Heike Makatsch. Es geht um eine Frau Mitte dreißig, die ein unruhiges, erfolgreiches Yuppie-Leben führt, dirigiert von ihrem Mobiltelefon. Die junge Karrierefrau findet erst in den Armen eines Mannes den wahren Frieden. Beruf: vergessen. Endlich Glück am ehelichen Herd. »Man könnte meinen, Eva Herman habe am Drehbuch mitgeschrieben«, urteilte die *Tageszeitung* über den Film.

Denn auch Eva Herman möchte mit ihren beiden Büchern »Das Eva-Prinzip. Für eine neue Weiblichkeit« und »Das Prinzip Arche Noah. Warum wir die Familie retten müssen« allen Frauen den Rückweg ins familiäre Heim zeigen. Und so empfiehlt sie uns in »Das Eva-Prinzip« neben Kinderkriegen und -hüten, die Männer um des Familienfriedens willen vom Gemüseputzen zu verschonen. »Seit einigen Jahrzehnten verstoßen wir Frauen zunehmend gegen jene Gesetze, die das Überleben unserer menschlichen Spezies einst gesichert haben«, erklärte sie 2006 ihren Standpunkt in dem Magazin *Cicero*. Kehrten wir zurück in das Leben als Hausfrau und Mutter, würde das unsere Nachkommenschaft sichern, die Familie zusammenhalten und unseren Partnern die Möglichkeit eröffnen, endlich wieder männlich zu sein, meinte Herman.

Auch die ARD-Sendung »Die Bräuteschule 1958« versuchte zu vermitteln, dass die Ehe das Beste für eine Frau sei. Zehn junge Frauen begaben sich darin auf eine Zeitreise und tauschten ihren Alltag im Hier und Jetzt gegen ein Leben im Jahr 1958, stilecht mit Nierentisch, Kohleofen, Schürze und Haube. Sechs Wochen lang beschäftigten sie sich mit nichts anderem, als auf einem dörflichen Bräuteinternat unter Anleitung von verschiedenen Lehrerinnen anständige Hausfrauen, Köchinnen, Putzfrauen zu werden: die perfekte Vorbereitung für den Alltag an der Seite eines Mannes! Das versteht also die ARD unter einem öffentlichen Bildungsauftrag.

ICH TARZAN, DU JANE

Wie es Frauen geben kann, die gar keinen Ehemann wollen, sondern andere Frauen lieben, erklärt Christine Baumanns, »Sexualexpertin« der *Bild*-Zeitung: »Bei manchen Lesben ist das ganz klar genetisch festgelegt. Sie verlieben sich von Anfang an immer nur in Frauen. Viel häufiger ist aber eine große Enttäuschung mit einem Mann der Auslöser. Die Frau wendet sich bewusst von den Männern ab und findet erfüllende Liebe bei einer Frau.« So kommentierte *Bild* die Beziehung der Fernsehjournalistin Anne Will und ihrer Lebensgefährtin Miriam Meckel. Dass viele Frauen auch ganz ohne traurige Männererfahrungen Frauen vorziehen und eine genetische Ursache für Homosexualität nur Spekulation ist, wird dabei völlig übergangen.

Sind wir weder nackt noch hinsichtlich Figur und Familienstand engagiert, kommen wir in den Medien so gut wie nicht vor. Regelrecht unsichtbar sind Frauen häufig in den Nachrichten. Bei einer zwölfwöchigen Untersuchung der Hauptnachrichtenseiten mehrerer Tageszeitungen stellte ein Forschungsteam der Universität Lüneburg im Rahmen des Global Media Monitoring Project (GMMP) 2005 fest, dass nur 18 Prozent der Personen, über die in den Nachrichten berichtet wird, Frauen sind. Dabei gibt es von Zeitung zu Zeitung große Unterschiede: In der regionalen *Leipziger Volkszeitung* ist mehr als ein Viertel der Personen, über die berichtet wird, weiblich, in der überregionalen *Frankfurter Allgemeinen Zeitung* nicht einmal ein Achtel. Auf der Startseite der *Netzeitung* wurden in diesen drei Monaten

118 Männer und 29 Frauen erwähnt. Zwanzig dieser Frauen stammten aus dem Kontext Showbusiness und Medien.

Mit Ausnahme von Spitzenpolitikerinnen und Celebritys werden Frauen fast nie namentlich genannt. Werden sie erwähnt, sind sie oft schmückendes Beiwerk wie »Schwester«, »Witwe«, »Museumsbesucherin« oder »begeisterte Anhängerin«. Hauptsächlich tauchen Frauen als Opfer von Entführungen, Vergewaltigungen und anderen Verbrechen auf. Im Fernsehen ist etwa jede vierte Frau, über die berichtet wird, ein Opfer, hat das GMMP 2005 für Deutschland ermittelt. Je nach Ausmaß des Verbrechens werden ihre Namen genannt oder verschwiegen.

Nicht nur vor der Kamera, auch dahinter stehen nicht besonders viele Frauen. Die frühere Bundesfamilienministerin Rita Süssmuth stellte in ihrem Aufsatz »Frauen und Medien«, erschienen in dem Sammelband »Adam, Eva und die Sprache. Beiträge zur Geschlechterforschung«, fest, dass Frauen in den Medien nur langsam von Objekten zu Akteurinnen würden. So habe sich zwar der Frauenanteil im Journalismus zwischen 1996 und 2002 von 37,8 auf 41,2 Prozent erhöht, doch nach wie vor seien »harte« Themen wie Wirtschaft, Finanzen und Wissenschaft für Männer reserviert, während Redakteurinnen zumeist im Kulturressort oder als Moderatorinnen arbeiteten. Hinzu kommt, dass längst nicht jede Journalistin als »kameratauglich« gilt: »Graue Haare oder Übergewicht reichen schon, um eine kompetente Sachverständige vor der Kamera nicht sprechen zu lassen«, berichtete eine ORF-Redakteurin beim Herbsttreffen der Medienfrauen von ARD und ZDF 2002 in Potsdam.

In einer Broschüre zum »MainzerMedienDisput« 2003 wurde die Publizistin und Fernsehjournalistin Amelie Fried zitiert. Sie sagte, die wahre Macht spiele sich »nach wie vor hinter den Kulissen ab, in den Hierarchien der Fernsehanstalten. Dort wird noch immer entschieden, welche Frau auf den Schirm darf und wie lange. In diesen Schlüsselpositionen hat sich überhaupt nichts verändert, dort sitzen immer noch Männer, Männer, Männer.« Das bestätigte an derselben Stelle auch die ZDF-Nachrichtenfrau Petra Gerster. Viele Frauen seien im Vordergrund zu sehen. Doch hinter »dem Schirm beziehungsweise in der Hierarchie der Sender (und Zeitungen) sieht es anders aus. Da sind die Männer immer noch weitgehend unter sich.«

Es gibt zum Glück einige Medienformate, die ein positives und feministisches Bild von Frauen zeichnen, etwa die Vampirjägerin-Serie »Buffy – The Vampire Slayer«, die Serie »Gilmore Girls« über eine alleinerziehende Mutter und ihre Tochter, die Serie »Ugly Betty«, die das Leben einer normalen jungen Frau in der abgehobenen New Yorker Modewelt zeigt, das feministische Popkultur-Magazin *Bitch* oder die Frauenzeitschrift *Bust* mit Artikeln über Politik, Literatur und Mode. Wie selbst Christie Hefner, Tochter des *Playboy*-Erfinders Hugh Hefner und Chefin des Nackte-Häschen-Imperiums, in einem Interview mit dem amerikanischen Online-Magazin *HuffingtonPost.com* klarstellte, braucht es Feministinnen in den Medien: »Zu sagen, man wäre keine Feministin, ist fast dasselbe, wie zu sagen, man wäre Rassistin.«

Die Medien suggerieren uns, ein Abbild der Gesellschaft zu zeichnen, aber dieses Abbild entspringt häufig dem Wunsch sexistischer Meinungsmacher. Wenn wir schon so viel Zeit damit verbringen, Medien zu konsumieren, muss uns wenigstens klar sein, durch welchen frauenfeindlichen Filter ihr Frauenbild an uns herangetragen wird. Nein, Frauen sind keine Verkaufshilfen für Möbelstücke oder teure Spielzeuge. Frauen warten nicht ihr ganzes Leben auf den Märchenprinz. Frauen sind keine Requisiten. Und Frauen haben einen Namen.

WARUM WIR DAS NETZ EROBERN MÜSSEN

Eigentlich ist das Internet für uns ein Raum wie jeder andere auch. Wir arbeiten dort, lesen, treffen Freunde, gehen einkaufen. 94 Prozent aller 20- bis 29-jährigen Deutschen nutzen Erhebungen der ARD-Onlinestudie 2007 zufolge regelmäßig das Internet. Ein Alltag ohne Wikipedia und Facebook, Google oder Youtube ist kaum noch vorstellbar, von E-Mails mal ganz abgesehen. Viele von uns definieren sich über ihre persönlichen Profile und Surfgewohnheiten letztlich genauso wie über die Musik, die sie hören, oder die Klamotten, die sie tragen. Durchschnittlich zweieinhalb Stunden verbringen Deutsche unter dreißig jeden Tag im Internet. Ein beträchtlicher Teil unseres Lebens spielt sich also online ab.

In den neunziger Jahren galt das Internet noch als die fetteste Geschäftsoption seit der Entdeckung des Erdöls. Der Hype verlieh jedem dahergelaufenen Start-up-Unternehmen einen Millionenwert und sorgte um die Jahrtausendwende für eine gewaltige Wirtschaftskrise. Heute steht das Web vor allem für eine demokratische Verheißung: Partizipation und Plattenverträge für alle! In dieser Lesart wird der unterjochte Bürger per Weblog zum Journalisten mit internationalem Publikum, die Hobbyband mit ihrem MySpace-Profil weltberühmt und die Weltbevölkerung mit Social-Networking-Seiten zu guten Freunden.

Abgesehen von ein paar Einzelfällen ist aus der digitalen Utopie allerdings bisher noch nicht allzu viel geworden. Es wird noch viele Jahre und Breitbandleitungen brauchen, bis der digitale Graben zwischen armer und reicher Welt überwunden ist. Das Internet ist aber nicht nur nach Wohlstand ungleich an die Weltbevölkerung verteilt. Auch die Geschlechtergleichheit ist im digitalen Raum bisher nicht verwirklicht. Das fällt vor allem auf, wenn man sich mit Web-2.0-Anwendungen beschäftigt, wo User selbst aktiv werden: Social Networking, Blogs und Videoplattformen.

Frauen stellen knapp die Hälfte der derzeit 40,8 Millionen Internet-User in Deutschland. Anders als in vielen anderen öffentlichen Sphären und Bereichen sind sie im Netz also mitnichten unterrepräsentiert. Im Gegenteil: Loggt man sich etwa bei MySpace ein, nach wie vor die größte Netzwerk-Website der Welt, gewinnt man den Eindruck, hier hielten sich ausschließlich junge Mädchen auf. Ein Besucher, der sich per Stöberfunktion einfach nur ein paar Profile ansehen möchte, wird sofort mit jungen Dekolletés, schmierigen Augenaufschlägen und glänzenden Mädchenschnuten bombardiert. Der Grund: Die Browserfunktion auf der MySpace-Startseite ist so voreingestellt, dass automatisch nach den Eigenschaften »jung« und »weiblich« gesucht wird. Wer etwas anderes finden will, muss das extra eingeben.

Nach einer Studie des Datenerfassungsdienstes comScore haben etwa 45 Prozent aller deutschen Internet-User im Jahr 2007 eine Social-Networking-Seite besucht. MySpace, StudiVZ, Lokalisten und Facebook funktionieren nach demselben Prinzip. Jeder Nutzer kann dort ein eigenes Profil erstellen, Mitglied einer Gruppe werden, Freunde sammeln und Nachrichten an andere Mitglieder verschicken. Und: Junge Frauen stellen sich hier selbst zur Schau, auf eine Art und Weise, die von gefälligen Entblößungen bis zur abgestandenen Herrenmagazin-Optik so ziemlich das komplette Spektrum der Sexyhexyhaftigkeit abdeckt.

Internet-User verwenden für eine bestimmte Art von Fotos gern den Ausdruck »so MySpace-mäßig«, auszusprechen mit verächtlich heruntergezogenen Mundwinkeln. Meist beziehen sie sich damit auf den Klassiker unter den MySpace-Profilbildern: Selbstporträt einer Jugendlichen, aufgenommen von schräg oben, auf dass der aufreizende Blick möglichst mit dem ausladenden Oberteilausschnitt harmoniere. Je nach Gesichtsausdruck wird das Ganze entweder mit einer leicht melancholischen oder einer dezidiert verruchten Note garniert. Ganz sicher impliziert ein solches Bild aber die Einladung, näher zu treten, Gefallen zu finden, ein Kompliment oder einen Gruß zu hinterlassen.

Vor allem sehr junge Frauen lieben MySpace. Kein Wunder, es ist ja auch eine prima Einrichtung, um Kontakt zu Freunden zu halten, neue Musik zu suchen, seine Kunst oder Texte zu veröffentlichen. Die Selbstdarstellung auf dem Nutzerprofil ist dabei der halbe Spaß und elementarer Bestandteil des Online-Seins. Doch dafür, dass es Nutzerinnen und Nutzern völlig freigestellt ist, wie sie sich präsentieren, wählt ein frappierend hoher Anteil der Mädchen den Softporno-Modus.

Zum Beispiel die Siebzehnjährige, die nach eigenen Angaben ein vielseitiger junger Mensch ist. Hobbys: Kunst, Fotografie, Musik. Trotzdem präsentiert sie auf ihren Fotos ein sehr reduziertes Bild von sich: Sie ist grundsätzlich nur im Slip zu sehen. Auf ihrem Profilbild posiert sie auf allen vieren, ausgestattet mit nichts als ihrer Unterwäsche und einer halbvollen Flasche Whiskey. Eine andere streckt ihren nassen Unterleib in den Fokus der Kamera, er ist gerade so von einer Bikinihose verhüllt und mit einem Bauchnabelpiercing dekoriert.

Viele pubertierende Mädchen machen irgendwann eine

Phase durch, in der sie sich gern als Model oder sogar Pin-up vorstellen. Kein Wunder, gibt es doch zu jedem medial präsenten Vorbild-Chick von Scarlett Johansson bis Britney Spears mittlerweile einen eigenen Sexskandal oder zumindest erotisches Bildmaterial. Prinzipiell ist auch nichts dabei, man muss ja irgendwie anfangen, sich selbst als sexuelle Person wahrzunehmen. Nur haben die Bilder, die auf My-Space und anderen Seiten zu sehen sind, in der Öffentlichkeit nichts verloren. Sie gehören eigentlich in die geheime Kiste unters Bett verstaut, wo man sie ein paar Jahre später herausholt, um sich über die eigene Peinlichkeit zu amüsieren.

ALLE MAL HERSCHAUEN!

Es ist also zunächst verwunderlich, wenn junge Mädchen die Ergebnisse ihrer Freizeit-Fotosessions ihrem gesamten Bekanntenkreis und den über 30 Millionen MySpace-Nutzerinnen und -Nutzern zugänglich machen. Die Erklärung dafür ist so einfach wie bedrückend. Es geht um Aufmerksamkeit. So wie auf dem Schulhof und im Club auch. Nur dass in der echten Öffentlichkeit auch exhibitionistisch veranlagte Menschen meist ihre Klamotten anbehalten. Auf Social-Networking-Seiten ist das oberste Gebot, möglichst viel Bestätigung für das eigene Profil zu erhalten: in Form von Gästebucheinträgen, Bildkommentaren und Freundschaftsanträgen.

Bei der Masse von Mitgliedern, die die großen Seiten haben, ist das gar nicht mehr so einfach. Es gilt also, möglichst unübersehbar zu sein. Nach den Regeln der Werbung funktioniert das am besten mit unbekleideter Frauenhaut. Getreu diesem Grundsatz, mit dem Elektronikwaren, Strumpfhosen und Margarine verkauft werden, bereiten Hunderttausende Mädchen ihr eigenes Image auf. Nur setzen sie damit im Gegensatz zur Wirtschaft nicht Milliarden von Euro um – sondern gewinnen lediglich Nachrichten auf ihren Seiten und *picture comments* unter ihren Bildern. Weil alle das Gleiche machen, steigen die Ansprüche. Reichte anfangs noch ein Knackarsch in einer engen Hose, um anderen Nutzern Kommentare wie »Wow, ist da noch Platz für mich in deiner Jeans?« zu entlocken, muss der Hintern mittlerweile freigelegt bis auf den Schlüpfer sein.

Schlimm daran ist nicht so sehr die offensichtliche Fixierung auf die eigene sexuelle Verfügbarkeit, sondern dass diese als Mittel zur Selbstwertsteigerung herhalten muss. Tatsächlich ist es ja keine besondere Leistung, beim Betrachter solcher Bilder Erregung zu provozieren. Junge Mädchen auf der ganzen Welt gehen offenbar davon aus, dass ihr Wert als Persönlichkeit irgendwas mit Brüsten, Hinterteilen und Hüftknochen zu tun habe. Das ist das Problem. Woher sie die Idee haben, ist klar: Fernsehen, Zeitschriften und Videoclips schreien sie jeden Tag an mit der Botschaft, dass eine Frau ist, was sie hermacht. Doch nur wenige nutzen ihre Gestaltungshoheit, um dem etwas entgegenzusetzen. Die Mehrheit groovt freiwillig und äußerst engagiert in der alten sexistischen Objektifizierungspolka mit.

Jemand, der sich Unterwäschefotos einer hübschen jungen Frau ansieht, wird alles Mögliche dabei empfinden, Geilheit, Freude, Mitleid, aber sicher kein Interesse an ihren Hobbys oder persönlichen Qualitäten. Und vor allem: keinen Respekt. Wovor auch – eine unbekannte, halb nackte junge Lady in den üblichen Posen ist für den Betrachter nun mal nichts anderes als ein Objekt, das zum optischen Konsum zur Verfügung steht.

Frauen haben noch nie dadurch gewonnen, dass sie sich entblößen. Im Gegenteil, sie kämpfen nach wie vor darum, nicht ständig auf ihr Äußeres reduziert zu werden. Im Internet merkt man davon wenig. Viele Mädchen dort brauchen nicht einmal die Chauvinisten dazu, sie machen sich ganz selbstständig zu leblosen Wichsvorlagen.

Und den Chauvis soll es recht sein. Als Frau reicht ja oft ein attraktives Gesicht aus, um im Netz mit schmierigen Anmachen behelligt zu werden. Ein tiefer Ausschnitt oder ein sonstwie entblößtes Körperteil zusätzlich wirken auf die Webnerver wie ein Freischein zur Belästigung. Kaum eine Frau, die ein Bild von sich ins Netz stellt, bleibt von unangenehmen Kommentaren verschont. Die Anonymität erlaubt es Männern, ungehemmt anzüglich zu werden – »das Paradies eines Sexisten«, nannte die US-amerikanische Bloggerin Jessica Valenti das Internet in einem Artikel für die britische Zeitung *Guardian*.

Den meisten Frauen sind sexistische Kommentare in ihren Gästebüchern durchaus unangenehm, und doch verzichten sie um der Aufmerksamkeit willen nicht auf Sexybilder. Dabei sollte eigentlich klar sein: Es ist eben kein Zeichen von Anerkennung, wenn ein Mann seinem Wunsch nach Geschlechtsverkehr mit einer Frau, die er noch nicht einmal kennt, Ausdruck verleiht – sondern billiges Gehabe, das sich diese Typen genauso gut auch verkneifen könnten.

Jede Frau sollte sich so zeigen können, wie sie will, ohne mit blöden Sprüchen oder, noch schlimmer, Online-Stalking rechnen zu müssen. Gleichwohl trägt jede und jeder die Verantwortung dafür, was sie oder er im Netz von sich preisgibt. Wenn sich junge Frauen derselben stereotypen Repräsentationsschemata bedienen, mit denen Werbeindustrie und Erotikmagazine sie zur Ware machen, profitieren sie eben in keiner Weise von den neuen Freiheiten des Lebensraums Internet. Sie aktivieren lediglich Sexismus und setzen ihre eigene Würde herab. Die Chance auf Gleichberechtigung im Netz verspielen sie dabei automatisch.

VOM GLOTZEN ZUM BLOGGEN

Social-Networking-Seiten werden in der Öffentlichkeit oft als bloße Vergnügungsplattformen für jugendliche Selbstdarsteller wahrgenommen oder als praktische Kommunikationsmöglichkeit. Das Weblog gilt hingegen als ernst zu nehmendes Medienphänomen, Online-Tagebücher sind äußerst populär. Die deutsche Szene ist allerdings überschaubar, die bekanntesten Blogs lassen sich an einer Hand abzählen. Um die 600 000 deutschsprachige Webjournale gibt es, sie werden nach einer Studie des Internetsoziologen Jan Schmidt zu 45 Prozent von Frauen betrieben. Die Mehrheit ist dabei unter neunundzwanzig. Doch die deutsche Netzprominenz setzt sich fast ausschließlich aus Männern zusammen. Die einzig wirklich bekannte Bloggerin in Deutschland heißt Kathrin Passig und ist die einzige Frau im Gründungsteam der *Riesenmaschine*.

Die deutschen Blog-Charts sind zwar umstritten, trotzdem ist es ärgerlich, dass in den Top Ten bislang keine einzige Frau aufgetaucht ist. Das erklärt sich vor allem daraus, dass Frauen und Männer unterschiedlich bloggen. Männer betreiben meist sogenannte Filter-Blogs. Diese orientieren sich inhaltlich an aktuellen Themen oder Schwerpunkten wie Technik oder Sport und sind für viele Menschen oder zumindest bestimmte Zielgruppen relevant. Laut der Studie »Gender Blogging« der Ruhr-Universität Bochum schreiben 60 Prozent der männlichen Blogger über politische Inhalte. Beliebter bei Frauen sind hingegen private Themen. Nur 36 Prozent der weiblichen Blogs befassen sich mit Politik. Die Verfasserinnen der Studie sprechen von einer »Fortschreibung geschlechtskultureller Muster« im Netz. Auch Forscherinnen der Universität von Indiana kamen zu dem Ergebnis, dass sich Frauen im Netz vor allem über ihren Alltag ausbreiten: Liebesleben, Figurprobleme, den Besuch beim

Heilpraktiker. Wenn solche Texte gut geschrieben sind, kann es durchaus Spaß machen, sie zu lesen. Aber wirklich relevant für die Allgemeinheit sind sie nicht.

Vor allem jüngere Frauen nutzen auch gern Videos, um sich im Internet zu präsentieren. Die größten Stars auf Youtube und ähnlichen Videoportalen sind Frauen, die aus ihrem Alltag berichten, aktuelle Themen kommentieren oder einfach vor der Kamera kichern. Die Regel, dass Frauen vor allem im Bild besonders erfolgreich sind, gilt anscheinend auch im eigentlich egalitären Netz.

Denn wirtschaftlich gesehen tut sich ebenfalls nicht viel unter den netzaktiven Frauen. Im Herbst 2007 fand in Berlin ein Kongress von Online-Unternehmern statt – alle Redner waren männlich. Auch ein Blick über die deutschsprachige Netzzone hinaus zeigt: Fast alle wichtigen Web-2.0-Erfindungen und -Seiten stammen von Männern. Selbst wenn es etwa in den USA eindeutig mehr prominente Bloggerinnen gibt als hier, zeigen Untersuchungen – so die Verfasserinnen der »Gender Blogging«-Studie –, dass auch dort »der Frauenanteil unter den AutorInnen der A-Blogs gering ist«.

GEFAHRENZONE NETZ

Das große Gleichberechtigungsversprechen ist also keineswegs erfüllt, und es ist Zeit, daran etwas zu ändern. Wir können nicht behaupten, wir würden ausgeschlossen oder hätten keinen Zugang zum Netz. Dass die Informationstechnologie bedauerlicherweise eine Männerdomäne ist – geschenkt. Es gibt genügend Bloggerinnen und Nutzerinnen da draußen, die beweisen, dass die Technologie nicht das Problem ist. Ein gutes Beispiel etwa ist die Unternehmerin Catherina Fake, die gemeinsam mit ihrem Mann die immens beliebte Foto-Community *Flickr* gegründet hat. Es liegt also an uns selbst, das Web zu erobern.

Es gibt im Netz nicht die gefestigten Ungerechtigkeits-
strukturen wie in Politik, Gesellschaft und Wirtschaft. Das
heißt: Hier ist für Frauen noch alles offen und machbar. Im
virtuellen Raum hemmen uns Vorurteile und Diskriminierung nicht ansatzweise so sehr wie in der realen Welt. Allerdings gilt es jetzt zu handeln. Denn im Netz entwickeln sich
langsam ähnliche Verhältnisse wie auf einer dunklen Straße
am Stadtrand: Für Frauen ist es gefährlicher als für Männer.
Die Gewalt, die hier stattfindet, ist zwar nicht körperlich –
doch die Bedrohung ist deswegen nicht weniger real. Dumme
Anmache und Stalking sind bekannte Phänomene, doch dabei bleibt es nicht.

Im Sommer 2006 veröffentlichte die University of Mary-
land eine Studie über Chat-Räume, in denen sich mehrere
Teilnehmer gleichzeitig aufhalten. Die Wissenschaftler stellten fest, dass Frauen in Chat-Rooms um ein Vielfaches öfter
belästigt werden als Männer. Mit ihnen wurde unaufgefordert Kontakt aufgenommen. Sie wurden mit sexuellen
Zweideutigkeiten behelligt, obwohl sie keinerlei Interesse
signalisierten. Und als wäre das noch nicht schlimm genug,
bekamen sie auch deutlich öfter virenbelastete Spam-Post
zugeschickt als Männer, weil deren Absender offenbar davon ausgehen, dass Frauen die gefährlichen Dateien nicht
erkennen.

Frauen können sich im Internet nicht so frei und entspannt bewegen wie Männer. Von MySpace sind viele Fälle
von pädophilen Verbrechern bekannt, die ihre Opfer über
das Netzwerk suchten. Und im Frühjahr des Jahres 2007
machte ein Skandal aus der Welt des StudiVZ die Runde. Damals wurde öffentlich, dass sich einige männliche
Mitglieder zusammengetan hatten, um attraktive Mädchen gezielt zu belästigen – und die Betreiber der Seite dieses Verhalten über einen sehr langen Zeitraum geduldet
hatten.

Ebenso problematisch ist die aggressive Entgrenzung der Kommentarkultur. Der Tonfall auf vielen Nachrichtenseiten, Blogs und Foren mit Kommentarfunktion ist von Respektlosigkeit geprägt und mutet bisweilen geradezu gewalttätig an. Leser, denen ein Text nicht gefällt, überhäufen die Verfasser mit persönlichen Beleidigungen. Und gerade bekanntere Blogger sind oftmals Hasstiraden ausgesetzt, die kein normaler Mensch aussprechen würde. In der freien, anonymen Websphäre fallen die Kontrollregeln der Mainstream-Medien weg. Rassismus, Homophobie und schlichter Hass haben hier freien Lauf.

Für Frauen bedeutet das vor allem verbale Gewalt, oft sexuell aufgeladen. Das prominenteste Beispiel für sexualisierten Kommentarterror ist der Fall Kathy Sierra. Die Software-Designerin betrieb einen beliebten Technik-Blog und trat oft als Rednerin bei Software- und Computerkongressen auf. Im Frühjahr 2007 sagte sie sämtliche Engagements ab und schloss ihre Website. Der Grund: Seit Monaten war sie Zielscheibe von brutalen Angriffen gewesen. Auf ihrer eigenen Seite wurde sie als »langweilige Schlampe« bezeichnet, man drohte ihr, sie zu vergewaltigen, wenn sie nicht aufhöre zu schreiben. Bei anderen Blogs tauchten Fotomontagen auf, in denen Sierra mit einem Seil um den Hals oder schreiend, mit einem Tanga auf dem Gesicht, zu sehen war. Zudem wurde ihre Wohnadresse auf vielen Websites veröffentlicht, mit der Aufforderung, etwas gegen Sierra zu unternehmen. Sie ist seitdem nicht mehr öffentlich aufgetreten und gibt keine Interviews. Sie fürchte sich, ihr Haus zu verlassen, heißt es.

In Foren und Blog-Kommentaren berichten Frauen regelmäßig von brutalen, sexualisierten Beleidigungen. Tatsächlich beginnt Sexismus schon, wenn eine Frau, die öffentlich spricht, auf ihr Äußeres reduziert wird. Kritisiert eine Autorin etwa gängige Schönheitsideale, kann sie fest damit rechnen, dass sie früher oder später mit einem

Spruch à la »Du bist doch nur neidisch, weil du selbst bestimmt scheiße aussiehst« heruntergemacht wird. Auf Youtube, wo Frauen aufgrund ihrer bildlichen Präsenz noch leichter angreifbar sind, bezeichneten Nutzer eine junge Frau als »langweiligen Fick, und ein schlechter noch dazu«. Mädchen werden aufgefordert, lieber Blowjobs zu üben, als ihre Meinung zu sagen. Die Stimmung ist so angespannt, dass zwei erfolgreiche Video-Blogger – eine junge Frau und ein junger Mann – beschlossen, eine Diskussion anzuregen und einen gemeinsamen Clip zum Thema Sexismus auf Youtube veröffentlichten.

DAS NETZ GEHÖRT UNS

Inzwischen haben Bloggerinnen eine Initiative gegen das vergiftete Klima gestartet. Sie machen mit Texten und Videos auf das Problem aufmerksam und versuchen durch Netzwerke, sich gegenseitig bei chauvinistischen Attacken zu unterstützen. Das ist wichtig, denn die verbale Gewalt beeinträchtigt und verhindert die Teilnahme von Frauen an der Netzkultur. Es darf nicht sein, dass Frauen ihre Blogs schließen, weil sie sich bedroht fühlen. Es darf nicht sein, dass Netzautorinnen sich unwohl fühlen, sich als Frau zu erkennen zu geben, weil sie fürchten, sexuellen Verbalübergriffen ausgesetzt zu sein. Männer, die unter dem Deckmantel der Anonymität Frauen attackieren – sei es durch Stalking oder Drohungen –, müssen geoutet und von den Blog-Communitys systematisch durch Ausschluss abgestraft werden. Gerade auch die bloggenden Jungs müssen sich zu einer gewaltfreien Kommunikationskultur bekennen.

Wir dürfen diesen Raum nicht aufgeben, denn er gehört auch uns. Wir dürfen uns nicht den Mund verbieten lassen von aggressiven Internetmachos. Frauen müssen aber auch insgesamt mehr Präsenz zeigen, nicht in Unterwäsche, sondern schlau, kreativ und kritisch. Es ist kurzsichtig und geradezu dumm, sich selbst auf Objektstatus zu reduzieren. Das machen schon genug andere Leute mit uns, wir müssen es uns nicht selbst auch noch antun.

Wir müssen aber auch endlich aufräumen mit dem nervigen Klischee, das Weibliche sei das Private. Im Internet können wir prima damit anfangen. Denn diesen unendlichen, vielfältigen Raum dürfen und können wir so gestalten, wie es uns gefällt. Diese Freiheit ist kostbar und neu – wir sollten sie nutzen.

GEGEN EINE SEXISTISCHE SPRACHE

Wie gibt ein Schuljunge seinem weinenden Klassenkameraden so richtig den Rest? Er beschimpft ihn: »Du Mädchen! Du Heulsuse!« Oder: »Drecksau! Fotze! Muschi!« Von »Jungs weinen nicht« über »Ein Mädchen tut das nicht« bis zu »Sei ein echter Mann«: In unserer Sprache wimmelt es von frauenfeindlichen Gemeinplätzen. Ob es um Toilettengewohnheiten geht – »Wie, du pinkelst im Sitzen? Du Pussy!« – oder um Modefragen – »Was ist denn das für 'ne Mütze! Hat dir wohl deine Freundin geschenkt!« –, besonders in der Umgangssprache gilt das Weibliche oft als etwas Negatives.

Unsere Sprache ist eine Sammlung von Zeichen, durch die wir uns mit anderen verständigen, die über einen ähnlichen Zeichenvorrat verfügen. Manche dieser Zeichen haben mehrere Bedeutungen, etwa das Wort »Maus«, das ein kleines Nagetier bezeichnet und gleichzeitig auch ein Computergerät. Sprechen wir, verwenden wir verschiedene Zeichen und zeigen anderen damit, was wir wahrnehmen und wie wir es individuell bewerten. Bei Zeichen mit Mehrfachbedeutung kommt es auf den Kontext an, in dem die Äußerung steht. Nennt ein Junge einen anderen im Streit »Du Mädchen!«, stellt er zum Beispiel klar, dass er ihn beleidigen will. Er zeigt aber auch, dass ein Mädchen für ihn ein minderwertiges Wesen ist. In diesem Fall macht die

Auswahl der Zeichen Frauen schlecht. Beginnt ein Politiker seine Rede mit »Liebe Bürger, ich freue mich, Sie hier begrüßen zu können«, ordnet er damit die anwesenden Frauen den Männern unter. Die Auswahl der Zeichen macht die Frauen einfach unsichtbar.

Sprache bestimmt unser Denken, Fühlen, Handeln. Deswegen sollten wir uns ihrer bewusst sein. Die deutsche Sprache hat sich in den letzten Jahrtausenden zu der entwickelt, die wir heute kennen. Wörter wie »unbemannt« oder »mannshoch« zeigen: Fast immer waren Männer die Norm, von der ausgegangen wurde. Ein Schiff, auf dem sich niemand befindet, ist »unbemannt«. Ein Baum, so hoch wie ein Mensch, ist »mannshoch«. »Man isst mit Messer und Gabel« ist daher ein Satz, der vielen Feministinnen nicht gefällt. Im Mittelhochdeutschen bedeutete »man« so viel wie »ein Erwachsener männlichen Geschlechts«, gleichzeitig stand es auch für »jemand«, »ein Mensch« ohne geschlechtliche Zuordnung. Dieser Satz kann also auch so gelesen werden, dass er Frauen verschluckt, die mit Besteck umgehen können.

In der Entwicklungsgeschichte des Deutschen saßen fast immer Männer an Schaltstellen. Nur wenige Frauen konnten etwa durch ihr Schreiben die Sprache mit beeinflussen. Die Töchter gut situierter Adliger hatten dieses Privileg besonders zahlreich ab Ende des 18. bis zur Mitte des 19. Jahrhunderts. In diese Zeit fiel die Schaffensperiode Johann Wolfgang von Goethes; sein gigantisches Werk beeinflusste natürlich auch die schreibenden Frauen. Doch auch die Auserwählten waren eingeschränkt: Frauen waren damals keine Autorinnen, die eigenständige Theaterstücke oder Romane verfassen konnten, sondern sie schrieben in der Regel Briefe – an bekannte männliche Dichter und Schriftsteller, am besten über deren Werk. Dieses direkte Echo, möglichst emotional gehalten, half den Männern bei der Arbeit an ihren weiteren Texten. Goethe, Lieblingsadressat jener Zeit, beantwortete einen Brief seiner Bewunderin Auguste Stolberg mit den herablassenden Worten: »Ich will Ihnen keinen Namen geben, denn was sind die Namen Freundin, Schwester, Geliebte, Braut, Gattin, oder ein Wort, das einen Komplex von all den Namen begriffe, gegen das unmittelbare Gefühl.« Er sah schreibende Frauen nur als Unterstützung von Schriftstellern. Unter ihrem eigenen Namen konnten Frauen nichts veröffentlichen, deshalb blieben die meisten anonym oder versteckten sich hinter männlichen Pseudonymen.

So nahm zum Beispiel Bettina von Arnim in ihrem ersten Buch, »Goethes Briefwechsel mit einem Kinde«, eine unterlegene, kindliche Position ein. Karoline von Günderode dagegen ließ ihre Gedichte anonym ohne männliche Unterstützung drucken und bestand auf ihren eigenen künstlerischen Anspruch – eine Provokation für die damalige literarische (Männer-)Welt. Sie empfand einen immensen Drang nach Freiheit, der durch die ihr zugewiesene Rolle als brave, bürgerliche Frau stark eingeschränkt wurde. In einem Brief an eine Freundin schrieb sie: »Warum ward ich kein Mann! Ich habe keinen Sinn für weibliche Tugenden, für Weiberglückseligkeit. (...) Ich bin ein Weib und habe Begierden wie ein Mann, ohne Männerkraft.« So sehnte sie sich nach einer Welt, in der »der Zweiheit Grenzen schwinden und des Daseins Pein«, wie sie in ihrem Gedicht »Die eine Klage« schrieb. Weil in dem Leben, das Karoline von Günderode führte, der Traum von der Gleichberechtigung, der Überwindung der Grenzen zwischen Mann und Frau nicht zu verwirklichen war, wählte sie mit 26 Jahren den Freitod. Mit ihrer Todesart überwand sie immerhin eine Barriere: Anders als die meisten Selbstmörderinnen ihrer Zeit ging sie nicht ins Wasser, sondern erdolchte sich selbst – eine äußerst »unweibliche« Art zu sterben.

Zu dieser Zeit war das Leben von Frauen sehr eingeschränkt. Sie blieben zu Hause bei den Kindern. Abgesehen von Krankenschwestern, Dienstmägden oder Kindermädchen waren fast ausschließlich Männer berufstätig, also waren auch die Berufsbezeichnungen männlich. – Und das ist auch heute noch so. Wer baut eine Brücke über den Fluss? Der Ingenieur. Wer fliegt zum Mond? Der Astronaut. Wer regiert die Bundesrepublik? Der Kanzler.

Erst seit einigen Jahren gibt es auch Frauen in diesen Positionen, von der Ingenieurin über die Astronautin bis zur Kanzlerin, gekennzeichnet mit einem »-in« am Ende eines Wortes, das zuvor einen Mann meinte und in Ausnahmefällen auch eine Frau bezeichnete. Spätestens durch die Erfolge der Frauenbewegung in den Siebzigern, die sich natürlich auch mit Linguistik beschäftigt hat, wurde das Anhängsel »-in« in Deutschland als geeignetes sprachliches Mittel einer Feminisierung durchgesetzt. So konsequent, dass eine Beamtin zur »Amtmännin« werden konnte. Einer Wilhelmshavenerin gefiel das überhaupt nicht: Mitte der achtziger Jahre verklagte sie ihre Behörde deswegen, die sich stur stellte, da die Vorschriften eindeutig von einer weiblichen Amtsbezeichnung auf »-in« sprachen. Die niedersächsische Finanzministerin schlichtete den Streit und genehmigte einfach beide Bezeichnungen, je nach Wunsch der Beamtin. Die Männin wurde dann bald zur »Amtfrau«.

VON DER AMTMÄNNIN ZUM KANZLERINNENAMT

Mitte der neunziger Jahre begann die Duden-Redaktion ihre Wörterbücher zu erweitern: Zu bekannten und neuen Personen- und Berufsbezeichnungen wurden die weiblichen Formen hinzugefügt – mit einem klaren Ziel: Frauen sollten wirklich sichtbar werden und nicht länger in einer männlichen Form mitgemeint sein. So kam auch die »Päpstin« in den Duden, obwohl die katholische Kirche nach offiziellen Verlautbarungen auch weiterhin ohne eine Frau als Oberhaupt auskommen will. Seit Angela Merkel 2002 zum ersten Mal als Kanzlerkandidatin im Gespräch war, diskutieren Sprachwissenschaftlerinnen und Sprachwissenschaftler immer wieder die Aufnahme von Vokabeln wie »Kanzlerinnenamt« in deutsche Wörterbücher. Das ist jedoch nicht allen genehm. Nach dem Vortrag einer Duden-Redakteurin zu diesem Thema pöbelte eine überwiegend aus Männern bestehende Gruppe im Publikum, weibliche Formen im Wörterbuch seien reine Platzverschwendung, schließlich wisse jeder, wie sie gebildet würden. Auch die CSU hält es für überflüssig, in ihrem Grundsatzprogramm von 2007 gesondert auf Frauen einzugehen: »Aus Gründen der besseren Lesbarkeit wurde weitgehend auf doppelte feminine und maskuline Bezeichnungen verzichtet. Überall, wo die maskuline Form verwendet wird, ist immer auch die entsprechende feminine Form mitgemeint.« Das Parteiprogramm trägt übrigens den Titel »Chancen für alle!«. Die SPD dagegen erweiterte Ende 2007 ihr Programm mit dem Satz: »Wer die menschliche Gesellschaft will, muss die männliche Gesellschaft überwinden.«

Wir müssen die konservativen Sprachverhältnisse nicht akzeptieren: Natürlich könnte das Wort »Ingenieur« sowohl für einen Mann als auch für eine Frau stehen. Doch die grammatikalische Form dieses »generischen Maskulinums« verdeckt, dass wir Berufe und Positionen erobert haben. Wir möchten in unseren neuen Gebieten auch sprachlich erkennbar werden. Dazu gibt uns die deutsche Sprache, im Gegensatz etwa zum Englischen, die Möglichkeit, die Geschlechter zu benennen. Deshalb wollen wir auch alles genau sagen, niemanden im Unklaren lassen, ob eine Frau oder ein Mann die Brücke über den Fluss baut, zum Mond fliegt oder die Bundesrepublik regiert. Und keinesfalls möchten wir in Vergessenheit geraten, unsichtbar bleiben, weil niemand uns hinter einer »männlichen« Bezeichnung vermutet.

In der Vergangenheit gab es immer wieder Versuche, sprachliche Gleichberechtigung herbeizuführen. 1981 erfand der Autor Christoph Busch das sogenannte Binnen-I. Der weibliche Plural wurde so mit der Holzhammermethode integriert. Einige Printmedien wie etwa die *Tageszeitung* begannen daraufhin, Formulierungen im Stil von »AsylantInnen bitten um Gehör« zu veröffentlichen. Inhalte in Großbuchstaben erschienen dabei manchmal missverständlich, weil nun die Männer aus dem Kontext verschwanden wie in »KRIEGERINNEN GREIFEN AN«. Das Binnen-I blieb von den einen belächelt, von den anderen kritisiert – und setzte sich nicht durch. Wohl auch, weil sich Lexikon-Redaktionen nicht darauf einlassen wollten. Ähnlich wurden die anderen Möglichkeiten wie Klammern und Schrägstrich nie konsequent in unserer Sprache verankert – zum Glück, denn: Mit Klammern grenzen wir uns aus, Schrägstriche grenzen uns ab. Besser ist eine klare Schreibweise, die detaillierte Informationen gibt und die deutsche Sprache dabei weder verhunzt noch gewaltsam neu erfindet: »Drei Ingenieurinnen und zwei Ingenieure haben eine Brücke über den Fluss gebaut« statt »Fünf IngenieurInnen«, »Fünf Ingenieur(innen)« oder »Fünf Ingenieur/innen«.

MÄNNERSPRACHE DEUTSCH

Manchen Feministinnen ist das noch nicht genug. Die Linguistin Luise F. Pusch mokiert sich seit den neunziger Jahren über das »Deutsche als Männersprache«. Sie fordert ein »generisches Femininum«. Dann würde die Frage »Wer baut die Brücke über den Fluss?« mit »Die Ingenieurin!« beantwortet, egal, ob ein Mann oder eine Frau die Konstruktionspläne wälzt. Eine radikale Forderung, die aus der Männersprache eine Frauensprache machen würde und typisch ist für eine Form des Feminismus, der die Rechte von Frauen stärken will, indem er Männer bewusst ausschließt. Doch so weit müssen wir nicht gehen. Ein realistischerer Schritt ist es, wenn wir nicht nur eine klare Schreibweise verwenden, die Frauen sichtbar macht, sondern auch unser Bewusstsein für feministisches Sprechen stärken. Damit wurde in den letzten Jahren bereits begonnen.

Politiker wenden sich in ihren Ansprachen längst an die »lieben Bürgerinnen und Bürger«. Gesetzestexte, Verordnungen und Vorschriften werden so formuliert, dass sie beide Geschlechter bezeichnen. So steht in neueren Reisepässen »Unterschrift des Inhabers/der Inhaberin«. Die Anweisung, Gesetzestexte künftig auf Männer und Frauen zu beziehen oder geschlechtsneutral zu halten, wurde bereits 1990 vom Bundestag beschlossen. Und heute wird in Stellenausschreibungen nach einem »Lektor bzw. Lektorin«, einer »Bankkauffrau bzw. Bankkaufmann«, »einer/m Organisationsberater/in« oder einem »Redakteur (m/w)« gesucht. Auch das ist inzwischen gesetzlich geregelt, das Allgemeine Gleichbehandlungsgesetz, kurz »Gleichstellungsgesetz«, soll seit 2006 verhindern, dass jemand aufgrund seines Geschlechts benachteiligt oder diskriminiert wird.

Wir sollten in unserer alltäglichen Sprache darauf achten, feministisch zu sprechen. Das geht schon los bei der präzisen Darstellung von Situationen wie »Ich war gerade bei meiner Zahnärztin«, wenn eine Frau die Zähne kontrolliert hat, oder »Heute Morgen kam *keine* zu spät zum Yoga«, wenn in der Sportgruppe nur Frauen sind. Auch wenn solche Formulierungen anfänglich umständlich und ungewohnt erscheinen, lohnt es sich , darauf zu achten: Wir wollen sichtbar werden – alle miteinander!

Nicht nur durch die Verwendung von korrekten Geschlechterbezeichnungen, auch durch Wortwahl und Tonlage können wir feministisch sprechen. Frauen haben häufig eine höhere Stimme, die melodischer und gefühlsorientierter klingt als die der Männer. Dennoch können sie sich angewöhnen, wenn sie zum Beispiel Anweisungen geben, mit der Stimme nach unten zu gehen und das Ganze nicht etwa als schüchterne Frage zu formulieren. In ihrem Buch »Spiele mit der Macht« weist die Unternehmensberaterin Marion Knaths darauf hin, dass indirektes Sprechen und das Verwenden von Andeutungen wie »man sollte« oder »jemand müsste« bei Männern oftmals nicht den erwünschten Effekt erzielten. Denn die verstünden klare Ansagen einfach besser. Das ist uns im privaten Leben wahrscheinlich schon klar geworden – sagen wir »Ich glaube, mir ist irgendwie kalt«, können wir häufig lange warten, bis der Mann das Fenster schließt. Sagen wir »Machst du bitte das Fenster zu? Es zieht!«, reagiert er sicher sofort.

WIR MÜSSEN SAGEN, WAS WIR MEINEN

Sprechen wir betont höflich und indirekt, also typisch weiblich, werden wir als Frauen akzeptiert, können aber in vielen Fällen unser angestrebtes Ziel nicht erreichen. Im beruflichen Alltag liegt das häufig daran, dass Männer diese Sprechweise von jemandem, der auf derselben Hierarchieebene oder gar ein Vorgesetzter ist, nicht gewohnt sind. Sprechen wir dagegen wie Männer, bestimmt und direkt, gelten wir nicht als »richtige« Frauen oder werden als Emanzen diskreditiert. Natürlich gibt es auch Männer, die sich in Gesprächen »weiblich« verhalten, sie werden deshalb von anderen leicht als weicher und schwächer eingeschätzt. Auf diese Tatsache hat die feministische Sprachwissenschaftlerin Senta Trömel-Plötz bereits Ende der siebziger Jahre hingewiesen.

Bei der Definition von »typisch männlichem« beziehungsweise »typisch weiblichem« Sprechen greifen wir fast immer auf die bereits erwähnten Stereotype zurück, wie Forscher bei der Beobachtung von kindlichen Rollenspielen erkannt haben. Kinder ahmen Erwachsene nach. Bittet man sie, zur Lieblingspuppe so zu sprechen wie ein Mann, kommen oft Befehle wie »Leg dich ins Bett!«, »Zieh deine Schuhe an!« oder »Steh auf!«. Spielen die Kinder Frauen, benutzen sie höflichere Formen oder Fragen wie »Ich denke, du solltest jetzt ins Bett gehen«, »Ein regnerischer Tag, genau richtig für Gummistiefel, oder?« beziehungsweise »Liebling, Zeit, aufzuwachen!«. Diese weibliche Ausdrucksweise ist oft viel angenehmer für die Beteiligten.

Betrachtet man die Fernsehtalkerinnen – allen voran Anne Will, Sandra Maischberger und Maybrit Illner –, die »harte« Themen mit zum Teil schwierigen Gesprächspartnern scheinbar mühelos beplaudern und dabei Durchsetzungskraft zeigen, so stellt man fest, dass der weibliche Gesprächsstil doch einige Vorteile mit sich bringt. Sabine Christiansen, bis Mitte 2007 Vorzeige-Talklady der ARD, erklärte ihre Methode in einem Interview mit dem *Süddeutsche Zeitung Magazin*: »Es macht keinen Sinn, eine Frage als knallhart zu bezeichnen, nur weil man sie dem Gegenüber ins Gesicht brüllt. Als Gastgeberin einer Diskussionsrunde habe ich nie auf diese aggressive Form der Gesprächsführung gesetzt, sondern vielmehr höflich, aber in der Sache konsequent meinen Stil gepflegt.« Hinter dieser Höflichkeit verbirgt sich aber auch eine Intention: Die Sendung soll unterhaltsam sein. Die Moderatorinnen leiten die Gesprächsrunde, sie fragen direkt nach und greifen ein, wenn ein Gast ausweicht. In der *Zeit* erläuterte Maybrit Illner ihre Aufgabe: »›Moderieren‹ heißt ›verbinden‹, ›vermitteln‹ und ›erklären‹. Mein Job ist es, einen hoffentlich spannenden Schlagabtausch zwischen unseren Gästen zu befördern, die in der Regel einen Standpunkt und eine Haltung haben.«

EIN NEUES BEWUSSTSEIN SCHAFFEN

»Frau isst mit Messer und Gabel« – ein Satz, der heute von vielen Frauen und Männern belächelt wird. Ersetzen wir »man« durch »frau«, weisen wir deutlich auf die Historie unserer Sprache hin: Sie ist aufgrund der Idee entstanden, dass Männer der wichtigere Teil der Menschheit seien. Diese Vorstellung ist längst nicht mehr gültig. Alle, die sich jetzt auf die Schenkel klopfen und feixend »Och, echt?« fragen, können einfach als Deppen abgetan werden. Keine Sorge: Wir können getrost weiterhin »man« sagen und damit »jemand«, »ein Mensch«, »wir alle« meinen. Doch wenn wir verhindern wollen, unsichtbar zu sein in unserer Sprache, müssen wir uns einige Dinge anerziehen.

Rita Süssmuth, ehemalige Familienministerin und Bundestagspräsidentin, meint im Gespräch mit der Journalistin Maria von Welser: »Wir Frauen sollten nicht vergessen, wie wichtig unser Körper ist und unsere Körpersprache.« Die zierliche Politikerin behauptete sich Ende der achtziger Jahre gegenüber dem großen, schweren Bundeskanzler Helmut Kohl, indem sie ihr sprachliches Inventar durch einige eher »männliche« Ausdrucksformen erweiterte: Mit Gesten, Drohgebärden und von ihrer Sache absolut überzeugt, scheute sie auch in Diskussionen nicht die offene Konfrontation, gestand mögliche Fehler ein und korrigierte sich selbst.

Das ist der richtige Weg für uns: Ernst bleiben statt verständnisvoll lächeln. Den Kopf selbstbewusst heben statt zustimmend nicken. Neben dem Einsatz von Körpersprache müssen wir uns den Gebrauch von direkten Formulierungen antrainieren. Dabei müssen wir nicht auf Höflichkeit verzichten oder jedes Mal gleich laut werden, um uns Gehör zu verschaffen. Freundlichkeit ist etwas anderes als Nett-sein-Wollen. Wir sind nett, weil wir befürchten, dass wir sonst nicht gemocht werden. Wir sind freundlich, weil wir anderen Achtung und Respekt erweisen wollen. Ein ganz wichtiger Punkt ist dabei unsere Stimmlage. Bei netten Sätzen schraubt sich unsere Stimme nach oben. Mit einer hohen Sprechstimme intonieren wir Behauptungen oft als Fragen und wirken unsicher, unglaubwürdig oder gar inkompetent.

Die derzeitige Bundesfamilienministerin Ursula von der Leyen beschreibt in Maria von Welsers Buch »Wir müssen unser Land für die Frauen verändern« einen Landtag, auf dem sie bezüglich ihres Privatlebens heftig angegangen wurde. Kochend vor Wut, habe sie gekontert – doch sie habe ihre Stimme unter Kontrolle behalten und nicht in hohen Tönen gekreischt. So habe sie sowohl ihre Parteikolleginnen und Parteikollegen als auch die Öffentlichkeit gezwungen, ihr zuzuhören und sie ernst zu nehmen. Diese Strategie erfordert eine gehörige Selbstbeherrschung und einiges Training, ist aber äußerst wirkungsvoll. Viele Politikerinnen haben sich für ihre Auftritte die hohe Stimmlage abtrainiert, von Großbritanniens früherer Premierministerin Margaret Thatcher heißt es, sie habe ihre Stimme um eine volle Oktave gesenkt. Vermutlich gehören die hohen Töne der weiblichen Stimme zu den größten Barrieren auf unserem Weg zur Macht.

Australische Wissenschaftlerinnen haben Tonbandaufnahmen aus den vierziger Jahren bis heute durchgehört und festgestellt, dass die weibliche Stimmlage immer tiefer geworden ist. Das liegt auch daran, dass Frauen heute im Durchschnitt größer sind als noch vor einem halben Jahrhundert: Sie haben einen größeren Resonanzkörper und auch längere Stimmlippen, also die körperliche Voraussetzung, tiefer zu sprechen, wenn sie wollen.

Nicht nur die Stimme hilft uns, uns bemerkbar zu machen, sondern auch Körpersprache, Gesten und Mimik. Und es kommt natürlich auch darauf an, wie wir etwas sagen.

Erzählen wir etwa passiv – »ich wurde angerufen«, »ich wurde befördert« oder »ich wurde begrabscht« –, machen wir uns klein. Aus dieser sprachlichen Opferposition können wir leicht entrinnen durch Sätze wie »eine Kollegin hat mich angerufen«, »ich bin aufgestiegen« oder »ein Typ hat mir an den Hintern gefasst«.

Und wenn wir fluchen, sollte uns immerhin bewusst sein, dass wir frauenfeindlich sind, wenn wir über andere sagen, »die Dingsbums, die blöde Fotze«. Damit diskreditieren wir nämlich einen spezifisch weiblichen Teil von uns selbst, um jemand anderen herabzusetzen. Da ist so ein sauberes, geschlechtsübergreifendes »Arschloch« doch eher angebracht.

DER STREIT UM DAS »RICHTIGE« FRAUENLEBEN

Wir müssen über Kinder reden. Manche denken jetzt vielleicht: Ach Quatsch, doch nicht über Kinder, davon bin ich ja noch Lichtjahre entfernt, und überhaupt, seit einiger Zeit wird doch ständig darüber gesprochen! Trotzdem, das Thema ist wichtig. Lebenswichtig. Wir jungen Frauen müssen uns in die Diskussion um Rabenmütter, »Herdprämie« und Krippenplätze einschalten, weil sie unsere Lebensplanung betrifft. Die Frage, wie wir mit Kindern leben wollen und können, muss für uns ein Thema sein, noch bevor die erste Wehe einsetzt. Denn das Wissen um Hintergründe und Zusammenhänge dieser zum Teil absurden Debatte kann das Leben mit Kindern von Anfang an sehr viel einfacher, entspannter und schöner machen.

Wie fing alles an? Mit der Behauptung, Frauen würden weniger Kinder kriegen, wenn sie emanzipiert seien. Das ist nichts Neues, schon Anfang des letzten Jahrhunderts und auch wieder in den siebziger Jahren wurde Frauen dieser Vorwurf gemacht. Und tatsächlich ging mit jeder Feminismuswelle die Geburtenrate zurück. Anfang des 20. Jahrhunderts bekamen viele Frauen der Oberschicht nicht mehr fünf, sondern nur noch ein oder zwei Kinder. Sie verzichteten unter anderem auch deshalb auf das dritte, vierte und fünfte Kind, weil sie wussten, dass die ersten beiden Kinder in der Regel am Leben bleiben würden – Impfungen und besserer

153

medizinischer Versorgung sei Dank. Der Schock über diese demografische Entwicklung war aber so groß, dass einige Männer forderten, den Frauen müssten ihre Rechte – etwa das Wahlrecht – wieder weggenommen werden, damit wieder mehr Kinder geboren würden.

In den siebziger Jahren bekamen dann auch die Frauen aus den unteren Schichten weniger Kinder, vor allem aufgrund der Pille. Und wieder war das gleiche Lamento zu hören: Die Emanzipation halte Frauen von ihrer wahren Bestimmung ab, dem Kinderkriegen. Doch schuld am Geburtenrückgang waren weder damals noch heute die vermeintlich egoistischen Frauen, sondern die Umstände, die es emanzipierten Frauen nicht ermöglichten und ermöglichen, ein Leben mit beruflicher Selbstverwirklichung und Kindern zur gleichen Zeit zu führen. Und doch wird uns heute wieder nahegelegt: Wir Frauen sollen unsere gesellschaftliche Verantwortung ernst nehmen, wir sollen wieder mehr Kinder zur Welt bringen.

Diesen Chor stimmte 2004 Frank Schirrmacher an. Die Gesellschaft »vergreise« und die Systeme kollabierten, schrieb er in seinem Buch »Das Methusalem-Komplott«. In seinem folgenden Werk, »Minimum«, beklagte er 2006 das Auseinanderbrechen der Familien. In beiden Büchern gibt er vor, die Ursachen für die Defizite unserer modernen Gesellschaft zu kennen: das Aufweichen klassischer Rollenmuster. In seinen Büchern und Zeitungsartikeln fordert Schirrmacher deshalb die Rückbesinnung auf die »traditionelle« Familie – und im Besonderen, dass Frauen sich wieder mehr der Familienarbeit widmen sollten. Vor allem die Frauen müssten dafür sorgen, dass Familien wieder starke Institutionen würden, und nur mehr Kinder könnten uns vor dem totalen Kollaps des Sozialstaates bewahren. Kurz: Die Frauen sollen das Abendland retten!

In die gleiche Kerbe schlug 2006 auch Eva Hermans Buch »Das Eva-Prinzip«. Auch sie beklagte einen rasanten Werteverfall und die angebliche Instabilität unserer zwischenmenschlichen Beziehungen. Herman behauptete, der Feminismus sei gescheitert, und sah die Chance der Frauen darin, dass sie ihre »Weiblichkeit wieder entdecken«, ihre »göttliche Bestimmung erfüllen«, nämlich ihr Dasein als Familienmensch.

Als moderner Mensch kann man über Schirrmachers und Hermans Thesen eigentlich nur lachen. Es ist erstaunlich, dass sich überhaupt jemand bemüßigt fühlte, auf so viel Blödsinn ernsthaft einzugehen. Gleichzeitig war jedoch oft zu hören: »Sie haben ja nicht ganz unrecht ...« So begann eine Debatte in einer Heftigkeit und Allgegenwart, wie es sie weder beim großen Lauschangriff noch zum Ausstieg aus der Atomenergie gegeben hatte. Klar, hier hatten zwei prominente Personen provokante Thesen veröffentlicht, und die Themen Liebe, Kinder, Partnerschaft und die Organisation all dessen gehen jeden etwas an. Also fühlte sich auch jeder bemüßigt und kompetent, etwas zur Diskussion beizutragen.

Zusätzliches Feuer entfachte die Politik der konservativen Familienministerin Ursula von der Leyen. Sie forderte mehr öffentliche Kleinkinderbetreuung und war, wie sich im Laufe der Monate herausstellte, auch gewillt, diese Forderung gegen alle Widerstände durchzusetzen. Damit brach sie mit dem Familienbild ihrer Partei, der CDU/CSU. Viele Konservative waren erzürnt: Der damalige CSU-Chef Edmund Stoiber sah Hausfrauen und Mütter genauso vor den Kopf gestoßen wie der Augsburger Bischof Walter Mixa, der von der Leyens Politik sogar als »inhuman« und »gegen die Würde der Frau« bezeichnete. Die Frauen würden zu »Gebärmaschinen« degradiert, von der Leyens Familienpolitik sei ein »öffentlicher Propagandafeldzug für die Fremdbetreuung auch von Kleinstkindern«.

Und genau da beschlich viele junge Frauen ein komisches Gefühl: Plötzlich ging es gar nicht mehr um die angeblich fehlenden Kinder in dieser Gesellschaft. Plötzlich wurde aus der Debatte ums Aussterben der Deutschen ein Streit um die Lebensmodelle von Frauen.

Diese Debatte stinkt. Man will uns in unser Leben reinreden! Wir werden nicht mehr als Frauen wahrgenommen, sondern nur noch als potenzielle Mütter. Die Emanzipation scheint für manche Konservative ganz grundsätzlich wieder zur Diskussion zu stehen. Und genau deshalb müssen wir darüber reden. Auch, weil die Argumente von links und rechts mittlerweile verknotet sind – eine konservative Politikerin setzt sich für berufstätige Mütter ein, Christa Müller, familienpolitische Sprecherin der Linkspartei, fordert dagegen, Mütter gehörten nach Hause zu den Kindern – die Meinungsmacher scheinen völlig verrückt geworden zu sein. Es mangelt an Sachlichkeit und tatsächlicher inhaltlicher Auseinandersetzung mit den Problemen.

Das müssen wir versuchen nachzuholen. Wir müssen erstens über die Datenlage sprechen; zweitens über die Frage, warum Frauen am angeblichen demografischen Knick schuld sein sollen; drittens über das Rollenbild, mit dem Frauen in Deutschland heute kämpfen. Und wir müssen viertens darüber reden, warum Kinderbetreuung in Deutschland so verpönt ist und warum fünftens die Männer nicht in die Verantwortung genommen werden. Und eines sollte gleich klargestellt sein: Die Demografiedebatte ist eine Wohlstandsdebatte. Die meisten Streitpunkte haben mit dem wirklichen Leben vieler Frauen überhaupt nichts zu tun, so müssen viele Frauen einfach arbeiten gehen, um die Familie ernähren zu können – weil sie alleinstehend sind oder das Einkommen des Mannes nicht reicht. Die Auswirkungen auf das Rollenbild von Frauen betreffen aber wiederum uns alle. Also, wo fangen wir an? Am besten mit den Zahlen. Denn Zahlen lügen doch nicht, oder?!

FEHLER ÜBER FEHLER – AUF KOSTEN DER FRAUEN

Die zentralen Experten, die Demografen, schüttelten ungläubig den Kopf über die ganze Aufregung, ja mehr noch: Sie verstünden sie schlicht nicht, schrieb die *Zeit* im Sommer 2006. Unsere gesellschaftlichen Probleme würden unzulässigerweise »demografisiert«, sagt die Soziologin Eva Barlösius, es gebe keinen Grund, im Zusammenhang mit Renten, einer lahmen Konjunktur oder einem ächzenden Sozialstaat mehr Kinder zu fordern. Die Renten stiegen deshalb nicht, weil die Deutschen immer älter würden – ein erfreulicher Zustand und ein klares Zeichen für Wohlstand. Und für das deutsche Wirtschaftswachstum spiele es überhaupt nur eine minimale Rolle, wie viele Kinder geboren würden, zeigen Modellrechnungen von Ökonomen.

Doch die Konservativen wollen unser Land durch mehr Geburten retten. Sie setzen dabei aber nicht etwa auf mehr Einwanderer, durch die das Nachwuchsproblem leicht gelöst würde und die nach vernünftiger Integration am Funktionieren des Rentensystems mitarbeiten würden. Ein Türke oder Inder, der nach Deutschland auswandert, womöglich viele Kinder bekommt und, sagen wir, als Computerfachmann viel Geld verdient und Steuern bezahlt, wäre doch genau das, was sich die Demografie-Pessimisten wünschen könnten. Sie tun es aber nicht. Anscheinend geht es in der Debatte doch eher um die »Erhaltung des deutschen Genmaterials«, wie es der Politologe Christoph Butterwegge ausdrückt.

Wie beschränkt eine Diskussion um das Aussterben der Deutschen ist, zeigt ein Blick auf die UN-Bevölkerungsstatistik von 2007: Im Jahr 2050 werden schätzungsweise 9,2 Milliarden Menschen auf der Erde leben – das sind 2,6 Milliarden Menschen mehr als heute. Ja, darunter wird nur eine verschwindend geringe Anzahl von Deutschen oder

»deutschstämmigen« Menschen sein. Aber solch eine Debatte kann ja wohl niemand ernsthaft führen, zu sehr erinnert sie an Fortpflanzungsaufrufe von vor siebzig Jahren. Von zu wenig Menschen redet wirklich nur jemand, der nicht über die Landesgrenzen hinaus schauen will.

Nicht nur argumentativ, auch statistisch gesehen hat die Demografiedebatte gar nicht so viel Schlagkraft, wie ihre Wortführer uns gern weismachen wollen: Die durchschnittliche Anzahl der geborenen Kinder pro Frau liegt in Westdeutschland seit dreißig Jahren bei rund 1,4 Kindern – es gibt also eigentlich gar keine Neuigkeiten. Wie gesagt, die Demografen sind eher erstaunt über den Wirbel. Der Geburtenzahl wird dann immer noch die Bemerkung beigefügt, ideal für den Fortbestand der Bevölkerung wären 2,1 Kinder pro Elternpaar. Doch nicht einmal diese Zahl stimmt – sie wäre nur dann ausreichend für eine stabile Bevölkerungszahl, wenn wirklich alle Menschen Kinder kriegen würden. Da es aber immer Kinderlose gibt, wären drei Kinder und mehr besser. Nur gibt es aber in Deutschland ganz klare Vorstellungen von der Idealfamilie: Keine Kinder zu haben ist verpönt. Ein Kind ist zu wenig. Zwei Kinder sind ein Traum. Drei Kinder und mehr gelten vielen Deutschen aber schon wieder als »asozial«; manche Eltern müssen sich dann zum Beispiel fragen lassen, ob sie nicht wüssten, wie man verhütet.

So wie 2,1 Kinder »normal« sein sollen, wird uns die »Pyramide« oder eine »Tanne« im Bevölkerungsdiagramm als anzustrebendes Ideal verkauft – eine Form, die nur Anfang des 20. Jahrhunderts existierte. 1910 ergab das Altersprofil der Deutschen tatsächlich eine Tannenform, allerdings waren damals auch keine zehn Prozent der Menschen älter als 64, jedes sechste Neugeborene starb im ersten Lebensjahr, und ein Viertel der Menschen erreichte nicht das zwanzigste Lebensjahr. Verhältnisse also, die heute sicher keiner der Angstmacher wiederhaben will.

Doch wer an die demografische Katastrophe glauben möchte, findet schon etwas. Gern angeführtes Beispiel sind die Akademikerinnen, die sich angeblich weigern, Kinder zu kriegen. Tun sie aber gar nicht, auch das ein Märchen der Kulturpessimisten. Zwei Wissenschaftler des Bundesinstituts für Bevölkerungsforschung bezweifelten, dass 40 Prozent der Akademikerinnen keine Kinder haben. Sie schauten sich die vorliegenden Studien noch einmal genauer an, stellten fest, dass nur Frauen zwischen 35 und 39 Jahren befragt wurden, und entschieden, auch um einige Jahre ältere Frauen in die Untersuchungen einzubeziehen. Als sie die 38- bis 43-jährigen Hochschulabsolventinnen als Berechnungsgrundlage nahmen, galten plötzlich nur noch 30 Prozent von ihnen als kinderlos. Im Vergleich zur durchschnittlichen Kinderlosigkeit, die seit Jahren – ebenfalls konstant! – zwischen 20 und 25 Prozent liegt, ist der Abstand gar nicht mehr so groß; und der Vorwurf, höher gebildete Frauen würden kaum noch Kinder kriegen, nicht mehr zu halten.

Leider wird er trotzdem wieder und wieder erhoben, irgendjemand muss ja schuld sein. Doch die Crux ist nicht die höhere Ausbildung, sondern das Frauenbild – es entscheidet darüber, ob Frauen mit Hochschulabschluss im Zweifelsfall auf Kinder verzichten. Viele, vor allem westdeutsche, Frauen haben festgestellt, dass sich Beruf und Kinder nicht vereinbaren lassen; für ihren beruflichen Erfolg haben sie aber zu viel getan, als dass sie ihn für Familienpläne einfach so aufgeben könnten. Dass das weibliche Rollenverständnis über die Kinderzahl mitentscheidet, lässt sich an den Geburtenzahlen ostdeutscher Akademikerinnen ablesen: Im Osten des Landes, wo es zu DDR-Zeiten ganz normal war, auch als Mutter weiter Vollzeit zu arbeiten, haben nur 17,3 Prozent der Frauen mit Hochschulabschluss keine Kinder. Das gleiche Bild in Frankreich, Schweden, Island: Gut ausgebildete Frauen sind auch mit Kindern voll berufstätig. Ein Diplom- oder Magister-Abschlusszeugnis ist also nicht zwangsläufig Ursache für weniger Kinder oder Kinderlosigkeit. Ein rückständiges Frauenbild in der Gesellschaft ist dagegen sehr wohl eine maßgebliche Ursache für Kinderlosigkeit bei Akademikerinnen.

SCHULD UND SÜHNE: FRAUENSACHE

Eine diffuse Angst vor dem Untergang der Familie geht um. Die Gründe dafür sind komplex, weil die Einflüsse auf unser heutiges Familienleben komplex sind. Da komplizierte Zusammenhänge aber ganz und gar nicht schlagzeilentauglich sind, muss ein Schuldiger her, dem das vermeintliche Demografieproblem in die Schuhe geschoben werden kann. In diesem Fall wurde eine Schuldige ausgemacht: die Frau. Sie sei heute zu egoistisch, wolle lieber ihren Spaß als eine Familie. Quer durch alle Medien ertönten diese Vorwürfe. Frauen würden die »Schöpfungsnotwendigkeit« der Mutterschaft missachten, hätten am Überlebensprogramm der Menschheit »gefingert« und würden die Familie als »Urgewalt der Natur« nicht anerkennen, um nur mal den *Spiegel* und Frank Schirrmacher zu zitieren. Aha.

Die *Zeit*-Journalistin Iris Radisch fasste die Diskussion im Frühjahr 2006 sehr treffend zusammen: »Alle dürfen in unserer Gesellschaft machen, was sie wollen, wenn sie nur können. Sie dürfen den Himmel damit verpesten, dass sie die dreihundertvierzigste Kleinwagenvariante auf den Markt drücken, sie dürfen, weil es ja nun mal nicht anders geht, Atommüll, das RTL-Nachtprogramm und die *Bild*-Zeitung herstellen und ewig so weiter auf der Fortschrittsleiter. Von ein paar biblischen Grundsätzlichkeiten abgesehen, darf in der freien Welt jeder die Würde des Lebens missachten, so gut es sich für ihn auszahlt. Nur die jungen Frauen dürfen das plötzlich nicht mehr.«

Radisch hat recht mit ihrer Feststellung, und genau das macht uns richtig wütend. Plötzlich glaubt jeder Zivilisationspessimist, uns in unsere Lebensplanung reinreden zu dürfen. Ob wir vier oder einfach gar keine Kinder haben wollen, soll nicht länger eine private Entscheidung sein, die ausschließlich mit dem Partner besprochen wird. Auf einmal sollen Kinderpläne mit Gesellschaftsverhältnissen abgeglichen werden. Das ist grotesk.

Die Debatte stützt ein Frauenbild, das nur einer Mutter zugesteht, eine »ganze« Frau zu sein. Weil Frausein heute nicht mehr einfach nur Geschlechterzugehörigkeit sein soll, sondern eine Berufung zu Heim und Nachwuchs – Heim und Nachwuchs als Beruf. Einerseits will Deutschland ein moderner Staat sein, andererseits sollen alte Werte wie Familie nicht verloren gehen. Die Familie soll uns vielmehr als ein Stück trauter Vergangenheit vor der unsicheren Zukunft bewahren. Dieser Wunsch ist nachvollziehbar. Ganz und gar nicht zu verstehen ist aber, warum die Frau allein für seine Realisierung verantwortlich sein soll. Die Politikwissenschaftlerin Teresa Kulawik kritisiert genau das: »Die Familienwerte soll die Frau garantieren, während der Mann hinausgeht, um sich in der Globalisierung zu beweisen. Das halte ich für zutiefst undemokratisch.« Und das ist es auch.

Doch uns Frauen wird von einigen Debattierenden liebevoll ans Herz gelegt, mit unseren »naturgegebenen« Möglichkeiten die Familie zu retten. Nicht, dass man der Auffassung wäre, in der Welt da draußen hätten wir nichts zu suchen, so wie es den Frauen früher erklärt wurde. Nein, heute müssen die Wissenschaften für diese Rollenzuschreibung herhalten: die Biologie, die Demografie oder auch die Evolution. Im Berufsleben nennt man so etwas: jemanden »wegloben«; nichts anderes ist es, was Konservative heute tun: »Ihr macht das mit den Kindern und dem Haushalt so toll, geht doch bitte nach Hause und macht es den ganzen

Tag.« Merkwürdigerweise fallen viele Frauen darauf herein. In den letzten Jahren ist es wieder schick geworden, nach der Geburt des ersten Kindes aus dem Beruf auszusteigen und zu verkünden: »Ich möchte erst einmal ganz Mutter sein.« Mutterschaft ist wieder hoch angesehen. Doch im Gegensatz zur Vaterschaft nicht einfach nur als etwas, was das Leben reicher, bunter und etwas anstrengender macht, sondern als eine Art Bürgerpflicht und eigener Kosmos, der streng nach – alten – Regeln funktioniert.

Deswegen nähern sich die Biografien junger Frauen, wenn sie Kinder bekommen, wieder verstärkt denen ihrer Mütter an. Allerdings nicht, weil die Zwänge es nicht anders zuließen – heute geschieht all das aus freiem Gestaltungswillen: Fast jede dieser Frauen sagt, sie wolle das so, habe es mit ihrem Partner so verhandelt. Dass es auch heute noch Abhängigkeiten gibt, blenden viele bei dieser Entscheidung aus. Die Frau verdient oft weniger als der Mann, oder der Mann »wünscht« sich von seiner Partnerin, dass sie zu Hause bei den Kindern bleibt – schon greifen wieder alte Rollenmuster. Aus traditionellen, unerschütterlichen Geschlechternormen sind unsichtbare, aber immer noch vorhandene geworden – die in dem Moment nicht mehr hinterfragt werden, in dem sich die Beteiligten ganz partnerschaftlich auf sie geeinigt haben.

DIE FÜNFZIGER-JAHRE-FAMILIE

In wirtschaftlich unsicheren Zeiten träumen viele plötzlich vom Toffifee-Familienidyll. Sie sehnen sich nach Halt, nach geordneten Verhältnissen mit Ehering und Häuschen. Eine Ordnung, die vermeintlich nicht herzustellen ist, wenn das Familienleben aus mehr Variablen als einem arbeitenden Vater, einer Mutter zu Hause bei den Kindern und dem gemeinsamen Abendessen der Familie besteht.

Das Frauenbild in den Köpfen von heute – die Ehefrau beschränkt ihr Leben auf Haushalt und Kindererziehung – stammt aus den fünfziger Jahren, als die Männer ihre Frauen »zu Hause ließen«, als Ausdruck des hereinbrechenden Wohlstands. Doch nicht nur das: Wenn ein Mann den Eindruck hatte, seine Ehefrau vernachlässige den Haushalt, konnte er noch bis 1977 ihren Job kündigen. So idyllisch war das alles eben doch nicht. Im Gegenteil hatten die meisten Frauen noch kaum Selbstbestimmungsrechte, waren lediglich Accessoire ihres Ehemanns. Die Idylle, eine glückliche Ehefrau in hübsch geblümtem Kleid am modernen Elektroherd und fröhlich spielende blonde Kinder auf dem Wohnzimmerteppich, ist eine Erfindung der Werbung, die die Sehnsüchte der Menschen nach dem Zweiten Weltkrieg kaugummifarben zu illustrieren wusste.

Doch eine »traditionelle« Geschlechteraufteilung in den Familien kann nicht für mehr Geburten sorgen. Das hat die US-amerikanische Soziologin Berna Miller Torr in einer Studie an Familien mit einem Kind und weiterem Kinderwunsch bewiesen: Erledigt die Frau die Hausarbeit allein, liegt die Wahrscheinlichkeit für ein zweites Kind bei 51 Prozent; teilen sich Mann und Frau die Hausarbeit wenigstens teilweise untereinander auf, steigt sie auf 81 Prozent. Offenbar gehen die Frauen davon aus, dass die Arbeit, die ein weiteres Kind verursachen würde, wiederum an ihnen hängen bliebe, und ziehen ihre Konsequenzen daraus.

In einer weiteren Studie fand ein Team um die Soziologin Shannon Davis heraus, dass die Ehe – die in Deutschland gesetzlich geschützte Familienform – die ungerechte Aufteilung der Hausarbeit noch verstärkt: Die im September 2007 veröffentlichte Untersuchung an 17 636 Frauen und Männern aus 28 Ländern ergab, dass verheiratete Männer weniger im Haushalt helfen als Männer, die mit ihrer Partnerin ohne Trauschein zusammenleben. Und das nicht nur, weil

Paare, die heiraten, auch ein traditionelleres Rollenverständnis haben. Auch Paare, die vorher eher untraditionell zusammenlebten, würden ihr Rollenverständnis nach der Eheschließung ändern. Shannon Davis schlussfolgert daraus, »dass die Institution Ehe einen Effekt auf Paare hat, der ihr Verhalten traditionalisiert – sogar wenn sich Mann und Frau als gleichberechtigt ansehen«. Zusammengenommen würden beide Studien ein erstaunliches Ergebnis liefern: Die Ehe senkt die Geburtenrate.

DIE ERFINDUNG DER MUTTER

Der starke Wunsch nach mehr Kindern für die Gesellschaft führt zu einem neuen, einem kindzentrierten Familienbild. Und wenn das Kind im Mittelpunkt steht, spielt auch die Mutter eine große Rolle – eine Mutter, die in Deutschland nicht einfach eine Frau ist, die Kinder hat, sondern ein komplexer Mythos, der so in keinem anderen Land der Welt zu finden ist. Er steckt fest in unseren Köpfen, weil er zu selten hinterfragt wird. Genau das könnte aber dazu führen, dass das Thema Kinder für junge Frauen weniger erschreckend und bombastisch wäre. Ein Blick auf die Entstehung des Muttermythos hilft, Distanz zu gewinnen – das entspannt, wenn sich tatsächlich ein Kind ankündigt, wenn plötzlich alle besser wissen wollen, wie das »richtig« geht, das Muttersein.

Wir müssen ein paar Jahrhunderte zurückblicken. Die Autorin Barbara Vinken beschreibt die Entstehung des Muttermythos in ihrem Buch »Die deutsche Mutter« ausführlich; hier nur die wichtigsten Punkte: Martin Luther erklärte während der Reformation im 16. Jahrhundert, sich als Ehefrau und Mutter aufzuopfern sei die gottgefälligste weibliche Existenzform. Knapp zweihundert Jahre später schlossen Jean-Jacques Rousseaus Menschenbild und seine Pädagogik, die sich schnell in Europa verbreiteten, Frauen kategorisch aus dem öffentlichen Leben aus und in ihr Heim ein. Im Zuge von Johann Heinrich Pestalozzis Erziehungsreform im selben Jahrhundert wurde dann die Frau zur ersten und alleinigen Erzieherin der Kinder ernannt, wobei betont wurde, dass der Weg, den diese Erzieherin einzuschlagen hatte, von einem Mann, nämlich Pestalozzi, bestimmt werden sollte.

Im deutschen Nationalsozialismus bekam der Muttermythos noch einmal eine neue Dimension: Jede – arische – Mutter sollte Verantwortung »für die Ewigkeit der Rasse« tragen. Mutterschaft wurde zur höchsten aller Aufgaben, für das Volk, für die Rasse, für die Verbreitung der Nazi-Ideologie in der nächsten Generation. Im Dritten Reich war Muttersein ganz klar zweckgebunden. Wie stark die Idee der »heiligen« Mutter in den Köpfen steckt, zeigte sich zuletzt, als Eva Herman die Wertschätzung der Mutter während des Dritten Reiches lobte. Ob Herman mit rechtem Gedankengut liebäugelt oder nicht, ist in diesem Fall nicht entscheidend. Dieser Nebenkriegsschauplatz lenkte vielmehr vom eigentlichen Problem ab: nämlich, dass diese Überhöhung der Mutterrolle noch weit verbreitet ist, quer durch den Mainstream. Rousseaus, Pestalozzis und das nationalsozialistische Mutterbild sind fest in unseren Vorstellungen verankert und werden nicht hinterfragt. So wird darüber gestritten, ob Eva Herman eine »Braune« ist, anstatt ihre Auffassung zur Debatte zu stellen, die Mutter sei als Bezugsperson für ein Kind so viel wichtiger als der Vater.

In diesem Punkt unterscheidet sie sich kaum von einigen Feministinnen, den sogenannten Mütterfeministinnen. Sie sind der Ansicht, dass durch das Wirken der Mutter eine ganze Generation neuer, moderner Menschen erzogen werden könne. Nett gemeint und als Alternative zum Patriarchat gedacht, aber trotzdem daneben. Es ist immer Vorsicht geboten, wenn jemand behauptet, die Mutter hätte eine fundamental andere Elternrolle als der Vater, nur weil sie gebären und stillen kann.

Heute zeigt sich wieder die Tendenz, die Einzigartigkeit der mütterlichen Fürsorge in den Vordergrund zu stellen. Damit werden Frauen wie in allen Zeiten aus dem politischen und gesellschaftlichen Leben ausgeschlossen. Früher mussten sich Frauen anhören: »Das Weib gehört an den Herd.« Heute wäre jede Frau über einen solchen Spruch empört. Doch wird das gleiche Ziel – Frau, ab nach Hause – heute neu formuliert als »Die Mutter gehört zum Kind«, sind erschreckend viele Frauen einverstanden. Ja, sie führen sogar erbitterte Kämpfe um diesen Standpunkt und bemerken dabei gar nicht, dass es wenigstens heißen müsste: »Die Eltern gehören zum Kind.«

Eine Frau, die Kinder hat, soll sich nach Meinung vieler Konservativer, aber auch einiger Linker – siehe Christa Müller –, heute am besten nur noch über ihre Rolle als Mutter definieren. Ihr wird aufgezeigt, dass das ihre »natürliche« Aufgabe sei. Die Anthropologin Sarah Blaffer Hrdy bezweifelt jedoch, dass es etwas wie Mutterinstinkt gibt: »Engere Vorstellungen, die nahelegen, dass jede Mutter eine vollständig hingegebene, ›liebende‹ Mutter sei, waren nur jemandes Wunschdenken. Das Verhalten einer Mutter ihrem Baby gegenüber ist ein dynamischer Prozess.« Der entwickelt sich erst allmählich. Körpereigene Botenstoffe wie das Bindungshormon Prolaktin helfen dabei. Diese werden aber beim Mann genauso ausgeschüttet, wenn er Zeit mit seinem Nachwuchs verbringt.

WER BESTIMMT, WAS EINE »GUTE« MUTTER IST

Es ist ein Irrglaube, zu meinen, jede Mutter sei sofort nach der Geburt durch und durch von Glücksgefühlen überwältigt: 80 Prozent der Mütter haben in den ersten Wochen nach der

Entbindung phasenweise Zustände von Trauer, den sogenannten Wochenbett-Blues, war das Ergebnis einer Untersuchung. Postnatale Verstimmungen oder sogar Depressionen sind die erste direkte Konfrontation des Muttermythos mit der Realität, noch lange bevor der erste Streit um Haushalt, Kinderbetreuung oder Wiedereinstieg in den Beruf ansteht. Nach der Geburt erleiden Frauen oft einen Schock, weil sich alles ganz anders, neu und anstrengend anfühlt; gar nicht wie die absolute Glückseligkeit, die sie sich während der Schwangerschaft vorgestellt hatten. Gar nicht wie das, was ihnen als »Mutterglück« eingeredet wurde. Sie glauben dann, sie seien schlechte Mütter und liebten ihr Baby gar nicht wirklich.

Jede Frau will eine gute Mutter sein, aber was wir darunter zu verstehen haben, ist anscheinend nicht verhandelbar. Im Zweifelsfall ist immer das »gut«, was traditionell »mütterlich« war. Auch wenn es diese Mütterlichkeit, die heute beschworen wird, nie gab. Heute wollen und sollen Frauen gleichzeitig die perfekte Krankenschwester, Lehrerin, beste Freundin und tolle Köchin sein. Ein »Geht spielen!« oder »Pass auf deine kleine Schwester auf!« ist kaum noch zu hören. Früher waren Kinder kein gut durchorganisiertes Projekt. Und es war selbstverständlich, dass Verwandte, Geschwister und Bedienstete sie miterzogen.

Eine Nur-Mutter muss sich nach dem Takt des Kindes richten, das essen, spielen, schlafen und gewickelt werden will, sie und das alles immer sofort. Sie ist nicht mehr Herrin über den eigenen Tag, über das eigene Leben. Dazu kommen in den Minuten, in denen Zeit zum Luftholen ist, auch ab und zu Gefühle wie Frust und Langeweile auf. Und ein schlechtes Gewissen gleich noch dazu, denn solche Gefühle passen nicht zu einer »guten« Mutter. War eine junge Frau vor dem ersten Kind ein Wildfang, so wird ihr schon während der Schwangerschaft durch gut gemeinte, aber trotzdem ungebetene Ratschläge anderer Mütter klargemacht: Es ist eine Sache, ein *bad girl* zu sein, aber eine andere, als *bad mom* angesehen zu werden. Bücher, die erklären, wie Mütter alles richtig machen, verkaufen sich aufgrund der Unsicherheit, was nun eine »gute« Mutter ist, wie warme Semmeln.

Wer eine perfekte Mutter sein will, wird früher oder später scheitern. Perfekt geht mit Kindern gar nichts, es kann nur bestmöglich improvisiert werden. Doch weil das Streben nach Perfektion unserer Generation ganz eigen ist, werden Kinder zu einer abschreckenden, weil unkontrollierbaren Aufgabe. Junge Frauen und Männer schieben den Kinderwunsch immer weiter in die Zukunft, weil sie sich noch nicht reif für so ein Monsterprojekt fühlen. Ewige Jugendlichkeit und Freiheit, die heute hochgehalten werden, und verantwortungsvolle, perfekt organisierte Elternschaft – das passt nicht zusammen.

Wenn ein Kind unterwegs ist, stellt sich für Frauen auch noch die Berufsfrage: Wie soll das gehen, gleichzeitig die perfekte Mutter und top im Job zu sein? Dann wird oft die scheinbar einzig mögliche Entscheidung getroffen: »Ab jetzt ganz Mutter sein. Mal ein paar Jahre raus aus der kalten Arbeitswelt und sich um die wirklich wichtigen Dinge im Leben kümmern.« Damit sich das »wirklich Wichtige« nicht irgendwann als stinklangweiliger Alltagstrott ohne Erfolgserlebnisse entpuppt, steigern sich Frauen gern in die »Projekte« Haushalt und Kinder hinein. Als einzige Befriedigung bleibt dann eine saubere, aufgeräumte Wohnung. Nur dass viele Frauen sehnsüchtig durch ihre frisch geputzten Fenster schauen und draußen viele Dinge sehen, die viel größere Befriedigung versprechen: Lob vom Chef, Anerkennung im Stadtteilrat, ein eigenes Gehalt.

Auch Kinder werden auf Muttererfolg getrimmt, sie sind für manche Frauen heute eine Möglichkeit der kreativen Lebensgestaltung. Der Ehrgeiz, der vorher in den Beruf floss – und bis zum ersten Kind sind wir jungen Frauen sehr engagiert in unseren Berufen –, wird umgeleitet: Verschiedene Schwangerschaftskurse werden belegt, der Fötus mit Mozart berieselt; wenn das Baby dann da ist, wird es zum Baby-Yoga geschoben, zum Kleinkindturnen getragen, später zum Vorschul-Englischkurs gegeben und in den Klavierunterricht. Eine boomende Industrie schürt unter werdenden und jungen Müttern die Urangst, bei der Erziehung ihres Kindes etwas zu versäumen, und so wird der Mutterjob tatsächlich zu einem 24-Stunden-Programm. Unzählige Frauen glauben diesem Hype und leisten es sich gern, dem Kind umfangreiche Bildungsprogramme zuteilwerden zu lassen.

ALLE AUSSER MAMI SIND DIE »FREMDEN«

Deutschlands Mütter akzeptieren oft nur sich selbst als Vollprofi in Sachen Kindererziehung. Deshalb können sie sich schwerer als ihre europäischen Nachbarinnen damit anfreunden, die Betreuung ihrer Kinder in professionelle Hände zu geben. Das hat historische und kulturelle Gründe: Der Staat als Erzieher ist hierzulande für viele Mütter grundsätzlich misstrauenerweckend, hat ihnen doch die Geschichte gezeigt, dass er Kinder nur indoktrinieren will – siehe die Pädagogikkonzepte im Dritten Reich und in der DDR. Manchen sind die staatlichen Kindergärten zu alternativ oder zu »gefährlich«, da soll Mama lieber die Vollbetreuung übernehmen. Anderen ist das staatliche Angebot nicht kreativ genug, also soll das Kind lieber einen privaten Kindergarten besuchen. Die Kinderläden sind ein Erbe der Frauenbewegung, die ihre Forderung nach mehr Kinderbetreuung nicht wie in anderen Ländern, zum Beispiel in Schweden, an den Staat richtete, sondern unabhängige Einrichtungen gründete.

Die Folgen dieses Misstrauens dem Staat gegenüber spüren wir heute schmerzlich: 2004 gab es für nur drei Prozent der unter Dreijährigen in den alten Bundesländern öffentlich finanzierte Betreuungsplätze, erst im Laufe des vergangenen Jahres stieg diese Zahl nach jahrzehntelanger Stagnation leicht an. Zum Vergleich: In Ostdeutschland lag dieser Anteil bei 37 Prozent; in Dänemark werden 48 Prozent der Kleinkinder öffentlich betreut. Bei den Älteren das Gleiche: Für nur 15 Prozent der deutschen Schüler war 2005 Platz in einer Ganztagsschule, in unserem Nachbarland Frankreich ist sie die Regel.

Auch das – oft berechtigte – Misstrauen gegenüber der Qualität der Betreuung spielt eine Rolle. Tatsache ist: Deutschland ist eines der wenigen Länder, in denen die Erzieherinnen keine Hochschulausbildung haben. Kinderbetreuung wurde bisher nicht als notwendig, sondern nur als Notlösung für Alleinerziehende oder sogar als Bedürfnis karrierefixierter Frauen angesehen. Dementsprechend gab es bis vor Kurzem keine Initiative dafür, Qualitätsstandards festzulegen und die Ausbildung von Krippenpersonal zu regeln. Bis 2007 gab es kein Hochschulstudium für frühkindliche Pädagogik, weil in Deutschland Kindergärten und -krippen nicht wie in anderen Ländern als Bildungseinrichtungen angesehen werden. Und der Staat hat Geld gespart: Erzieherinnen ohne Hochschulabschluss sind billigere Arbeitskräfte.

Ein Vergleich macht deutlich, dass der deutsche Staat grundsätzlich nicht sehr daran interessiert ist, die öffentliche Betreuung von Kindern stärker oder wenigstens genauso zu fördern wie die Betreuung durch die Mutter: Für das Ehegattensplitting, das das Modell »Hausfrau und arbeitender Ehemann« finanziell fördert, gibt der Staat jährlich 20 Milliarden Euro aus, für den Ausbau der Kinderbetreuung investiert der Bund in den nächsten fünf Jahren 12 Milliarden Euro. Da bleiben keine Fragen offen. Deutschland wurde von der EU schon mehrfach für das Prinzip des Ehegattensplittings gerügt, dennoch steht dessen Abschaffung auch in der Großen Koalition nicht zur Debatte.

Konservative Politiker haben sicher das Wohl des Kindes im Blick, schielen aber in die falsche Richtung. Denn dass der Besuch einer Betreuungseinrichtung schädlich sein soll, ist eine längst widerlegte Behauptung. Sie wird begründet durch Forschungsergebnisse, die sich auf Heimkinder bezogen, aber fälschlicherweise auf Familien übertragen wurden. Manchen gelten »fremdbetreute« Kinder deshalb heute immer noch als aggressiver oder verhaltensauffällig. Doch die amerikanische Psychologin und Autorin des Buches »Mythos Mutterschaft«, Shari Thurer, bestätigt: »Erschöpfende Studien aus zwei Jahrzehnten haben keinerlei Beweise für die negativen Folgen von Tagesbetreuung erbracht.«

Die allermeisten Bindungsforscher gehen heute nicht mehr davon aus, dass Kleinkinder nur dann gesunde soziale Bindungen aufbauen können, wenn eine Bezugsperson ständig verfügbar ist. Vielmehr können sie durchaus zwischen unterschiedlichen Beziehungen unterscheiden. Entscheidend für die Entwicklung des Kindes ist allein die Qualität dieser Beziehungen. »Fremdbetreuung« schadet nicht dem Kind, sondern nur den Familienidyll-Vorstellungen der Krippengegner, die diese Einrichtungen als Auswuchs der modernen Gesellschaft beklagen.

Dabei bedeutet der Besuch einer Krippe und eines Kindergartens für Kinder aus sozial schwachen Familien, dass sie schon früh im Leben Bildungsanreize bekommen und aufmerksamer betreut werden, als es ihre Eltern vielleicht in der Lage sind zu tun. Und auch für Kinder aus Familien, in denen die Mutter den ganzen Tag zu Hause beim Kind bleibt, ist diese Rundumüberwachung keineswegs immer das Beste für das Kind. Einzelkinder, denen jeder Wunsch von den Lippen abgelesen wird und die zusätzlich von den Großeltern verwöhnt werden, wachsen sich nicht selten mit den Jahren zu kleinen Terroristen aus. Krippe oder Kindergarten sind heute für viele Kinder die ersten Orte, an denen sie sich mit Gleichaltrigen auseinandersetzen können und müssen. Kinder brauchen andere Kinder. Doch überzeugte Vollzeitmütter wollen all diese Studien nicht wahrhaben. Verständlich: stellen diese doch ihren Lebensentwurf infrage. Die Trennung von Mutter und Kind für ein paar Stunden am Tag ist weniger problematisch für das Kind als für die Mutter.

Trotzdem seufzen allerorts Nur-Mütter: »Die armen Kinder.« Für sie und Konservative sind Mütter, die ihre Kinder in Kinderkrippen, -gärten und -horte geben, schuld an Deutschlands schlechten PISA-Ergebnissen, am Zerbrechen der Familie und irgendwie auch am Fehlen der Eliten von heute – weil die Mütter sich nicht um die frühkindliche Förderung ihres Nachwuchses kümmern würden. Dabei würde sie ein Blick nach Frankreich schnell vom Gegenteil überzeugen. Dort werden 27 von 100 unter Dreijährigen betreut, auf pädagogisch hohem Niveau. Die Folgen: Französische Kinder sind in der Schule besser, mehr Frauen sind berufstätig, es gibt weniger Kinderarmut, es werden mehr Kinder geboren. All das, was sich die Deutschen wünschen.

Glücklicherweise beginnen die Bundesländer endlich, an den Fachhochschulen auch »Krippenpädagogik« anzubieten, um top ausgebildete Erzieherinnen in den Arbeitsmarkt zu entlassen. Denn die PISA-Studie hat es ja bewiesen: Nirgendwo hängt das Bildungsniveau so stark von der Herkunft ab wie in Deutschland. Eine breite staatliche Kinderbetreuung mit durchdachten pädagogischen Konzepten, von der Kinderkrippe bis zur Ganztagsschule, würde von Geburt an allen Kindern gleiche Entwicklungsmöglichkeiten geben.

Die Demografiedebatte stinkt nach Standesdünkel, wenn nicht nur über zu wenige Kinder geklagt wird, sondern auch darüber, dass die Falschen die Kinder bekämen – Einwanderer oder Sozialhilfeempfänger. Sollte es nicht egal sein, aus welcher sozialen Schicht die Physikerinnen und Literaten von morgen kommen?

DIE MÄNNER

Die Männer, die Väter und Nichtväter, kommen in der ganzen Demografiedebatte praktisch nicht vor. Trotzdem ist es nicht so, dass sie im Familienleben keine Rolle spielen würden; viele Frauen bekommen, wie gesagt, weniger Kinder, als sie möchten, weil ihr Partner keine Kinder will oder weil ihr Mann sich nicht um Haushalt und Nachwuchs kümmert. Andere Frauen gestehen ihrem Mann keinen richtigen Platz in der Familie zu. Denn die Fürsorge für die Kinder wird häufig vor allem von den Müttern selbst als »Frauenkompetenz« angesehen. Viel zu oft halten sie ihren Mann für nicht versiert genug, gängeln seine in ihren Augen »falschen« Fürsorgetechniken, bis er sich – sicher manches Mal erleichtert – aus der Verantwortung für das Kind ganz heraushält.

Um den »Mutterbereich« müssen Frauen nicht kämpfen, sie kriegen ihn automatisch zugesprochen; gern wird ihnen bestätigt, dass sie instinktiv alles richtig machen – im Gegensatz zu den Männern. Umso wertvoller wird dieser Bereich für die Selbstbehauptung: »Hier bin ich die Königin, habe ich das Sagen.«

»Mütterlichkeit« muss unbedingt von der Bindung an ein Geschlecht befreit werden. Die absurde Diskussion um einen angeblichen »Zwang zur Windel« machte die Dringlichkeit unmissverständlich klar: Familienministerin Ursula von der Leyen verband die Zahlung eines vierzehnmonatigen Elterngelds mit der Bedingung, dass die Väter mindestens zwei Monate lang die Betreuung des Kindes übernehmen. Merke: Niemand zwingt die Männer zur Kindererziehung. Nehmen sie keine Betreuungsmonate, zahlt der Staat eben nur zwölf Monate lang. Und trotzdem sprachen daraufhin Männer – vor allem die alten – über Kinderbetreuung und Erziehung mit einer Verachtung, die den jungen Männern auch noch den letzten Rest Interesse am Familienleben nehmen konnte. So bezeichnete beispielsweise der CSU-Landesgruppenchef Peter Ramsauer die Elternzeit für Männer als »Wickelvolontariat«. Und auch im Alltag müssen sich Väter immer noch als Weicheier oder »unterm Pantoffel stehend« belächeln lassen, wenn sie zum Beispiel im Job einen Termin verschieben wollen, um die Kinder vom Kindergarten abholen zu können. Das wird auch noch eine Weile so bleiben – bis ein engagierter Vater nicht länger die Ausnahme, sondern der Normalfall ist. Bis dahin müssen auch die Männer kämpfen: darum, dass die Gesellschaft ihnen Familiensinn zugesteht.

Und es tut sich schon was. Der Männeranteil, der Elternzeit beantragte, lag 2001 noch bei 1,5 Prozent; 2007 waren es schon 10,7 Prozent. Allein im vergangenen Jahr verdreifachte sich der Anteil der Väter, die eine mindestens zweimonatige Auszeit nahmen, um ihre Kinder zu betreuen. Es kann also durchaus sein, dass schon in ein paar Jahren auch Väter öffentlich familienfreundlichere Arbeitsstellen einfordern, für mehr Kinderbetreuung kämpfen und sich für eine bessere Bildungspolitik einsetzen. Seien wir optimistisch.

Und da sind auch wir Frauen wieder gefragt: Wir müssen mehr von den Männern fordern. Ja, nicht jeder Mann ist Feminist, aber auch nicht jeder ein Macho, der nie im Leben darüber nachgedacht hat, Kinder in die Welt zu setzen oder – um Himmels willen – auch großzuziehen. Die meisten Männer sehen einfach keine Notwendigkeit, sich zu engagieren, gerade wenn sie die Erfahrung machen, dass sich ihre Frau bereitwillig in klassische Geschlechtermuster fügt. Deshalb wäre es mehr als wünschenswert, dass Frauen mehr Energie in Diskussionen mit dem Partner investieren würden. Wieso sollte der Mann, der uns liebt, nicht verstehen, dass wir unsere Lebensträume genauso verwirklichen wollen wie er? Er wird doch wohl sehen, dass bei der Geburt gemeinsamer

Kinder ein Kompromiss gefunden werden muss, beide etwas aufgeben, aber auch beide etwas gewinnen.

Für Männer ist bei einer neuen Rollenaufteilung nämlich viel drin: Ihnen wird die Last genommen, das Geld für den Unterhalt einer ganzen Familie allein verdienen zu müssen. Vielleicht macht ihnen diese Neuverteilung sogar mehr Lust auf Kinder. Denn wie gesagt: In den meisten Fällen, das ergaben Umfragen zur Kinderlosigkeit von Frauen, sind die Männer der wichtigste Grund, warum eine Frau noch kein Kind hat: weil schlicht kein passender Partner zu finden ist, weil der sich lieber noch Zeit mit dem Nachwuchs lassen will, weil er sich nicht imstande sieht, eine Familie zu ernähren, weil er sich nicht an der Familienarbeit beteiligen will. Und das kann kein akzeptabler Zustand sein: dass die Männer einen großen Anteil daran haben, dass Frauen sich für weniger Kinder entscheiden – dass aber fast ausschließlich den Frauen diese Entscheidung zum Vorwurf gemacht wird.

FAMILIE IM 21. JAHRHUNDERT

Eine Untersuchung in Schweden ergab, dass die Wahrscheinlichkeit für ein zweites und weiteres Kind umso größer ist, je mehr sich die Einkommen der Eltern gleichen. Wer heute mehr Kinder fordert, muss sich also für mehr Geschlechtergerechtigkeit einsetzen, für ein neues, modernes Familienbild. Vor allem im Westen, wo das Fünfziger-Jahre-Hausfrauen-Modell sehr viel verbreiteter ist als im Osten: 90 Prozent der Mittel für das Ehegattensplitting werden in den alten Bundesländern gezahlt. In Ostdeutschland gibt es dagegen nicht so viele Ehen mit extremen Gehaltsunterschieden, die durch das Splitting aufgefangen werden müssten.

Was wir in Zukunft unter Familie verstehen, wird sich erst noch zeigen. Die Ernährer-Hausfrau-Kind-Katze-Formation bekommt jedenfalls jetzt schon Konkurrenz durch ganz neue Formen des Zusammenlebens, das nicht nur durch genetische Verwandtschaft oder einen Trauschein »legalisiert« ist.

Eine Untersuchung des Deutschen Jugendinstituts München im Jahr 2002 ergab, dass sich vier von fünf jungen Vätern durch die Existenz eines Kindes »in keiner Weise beruflich oder sonstwie eingeschränkt« fühlten, während vier von fünf Frauen sagten, dass sie das Männerleben für »besser« und »schöner« hielten und das Leben einer erwerbstätigen Frau dem Hausfrauendasein vorzögen. Diese Eingeständnisse sagen viel darüber aus, wie weit entfernt wir noch von gleichberechtigten Familienmodellen sind. Die Geschlechterrollen müssen sich ändern – sonst bleibt Familie für Frauen immer etwas, wofür sie ein Berufsleben aufgeben müssen, und für Männer etwas, woran sie sowieso kaum teilhaben.

Auch den Druck, »perfekte« Eltern sein zu wollen, sollten sich junge Mütter und Väter vom Hals halten. Das ist nicht leicht, denn wir, die Generation Selbstoptimierung, haben gelernt, dass alles perfekt sein muss, um gegen die harte Konkurrenz bestehen zu können. So wie unsere Generation auch Sprachkurse, Praktika, Auslandsaufenthalte und noch mehr Praktika absolviert hat, soll das Kind von Anfang an »optimiert« werden – was die Möglichkeiten entspannter Elternschaft und vieler weiterer Kinder sehr einschränkt. Es muss selbstverständlich sein, Kinder zu haben – kein Luxus oder Selbsterfahrungstrip.

Jedes Paar muss selbst »Mutter« und »Vater« neu definieren. Die Mutterrolle, die Selbstaufopferung verlangt, widerspricht eklatant unserer heutigen Vorstellung von einer selbstständigen Persönlichkeit. Die neue Mutter könnte etwas vom Vaterbild übernehmen: dass sie auch dann als liebender Elternteil gilt, wenn sie zwar nicht rund um die Uhr bei ihrem Kind ist, aber die Zeit mit der Familie kreativ und engagiert verbringt. Der neue Vater muss sich mehr Mütterlichkeit zutrauen, dumme Sprüche von Freunden oder Kollegen ignorieren, weil die längst nicht so wichtig sind wie die wertvolle Zeit mit der Familie. Wenn die Kinder unser Familienmodell mit einer berufstätigen Mutter und einem liebevollen Vater als selbstverständlich kennenlernen und später selbst wieder wählen, würde die Emanzipation von Mann und Frau, Mutter und Vater in den nächsten Generationen zum Selbstläufer.

NACH DEM STURM: DIE PROBLEME ANPACKEN

Die Sorge um den deutschen Nachwuchs hat in der Familien- und Finanzpolitik bereits zu ersten Neuerungen geführt. Das neue Elterngeld scheint, wie gesagt, schon gut zu funktionieren. Und bis 2013 soll es für ein Drittel der unter Dreijährigen Betreuungsangebote geben und dann auch einen rechtlichen Anspruch auf Betreuung – auch wenn die Große Koalition die geplanten 2,1 Milliarden Euro Sondermittel erst dann einsetzen kann, wenn die Frage der »Herdprämie« geklärt ist, also ob Eltern Geld dafür bekommen sollen, wenn sie ihren Nachwuchs zu Hause selbst betreuen. Pläne wie der Krippenausbau sind kleine, aber sinnvolle Schritte, die während der rot-grünen Regierung schon vorbereitet und in der Großen Koalition von Angela Merkel und Ursula von der Leyen durchgesetzt wurden.

Ihre Kollegen aus der CDU/CSU kritisieren sie dafür lautstark: Die Ministerin mische sich ungebührlich in die Entscheidungsfreiheit von Eltern ein und gängele Familien. Dabei hat die Politik bisher extrem darauf hingewirkt, dass Mütter nur mit großem organisatorischen Aufwand und finanziellen Einbußen arbeiten gehen können, dass sie sich entscheiden müssen: entweder Kind oder Beruf.

Eigentlich müssten Politiker – egal ob fortschrittlich oder konservativ – großes Interesse daran haben, dass Frauen arbeiten gehen können: Deutschland hat ein Konsumproblem, weil die Menschen aus Angst sparen. Angst herrscht vor allem in Einverdienerfamilien, in denen plötzliche Arbeitslosigkeit eine Katastrophe wäre. Aus Sorge vor einem Fachkräftemangel ruft die Wirtschaft schon jetzt nach qualifizierten Frauen, Kinderbetreuung und Ganztagsschulen, damit diese Frauen auch arbeiten können. Der Zeitpunkt scheint ideal für ein Neudenken der Familie. Hilfreich ist dabei sicher auch der Umstand, dass die Familienministerin aus dem konservativen Lager kommt. Ihre Entscheidungen gelten bei der breiten Masse als seriös und nicht als linke Spinnerei. Die wenigen kritischen Stimmen, die diese Politik jetzt noch angreifen, wirken wie ein letztes Aufbäumen derjenigen, die ahnen, dass die guten alten Zeiten für sie bald endgültig vorbei sind.

Wir sollten es nicht länger als Last empfinden, Familie neu zu definieren, sondern als Herausforderung und Chance für unsere Generation begreifen. Wir können ganz neue Beziehungsmodelle und Rollen für uns ausprobieren, die sich werden beweisen müssen, wenn in unsicheren Zeiten immer wieder mal das bürgerliche Kleinfamilienidyll aus der Mottenkiste geholt wird.

Wir wollen nicht mehr riskieren, dass durch ein Kind – für das wir uns aus Liebe entschieden haben – die Liebe zu unserem Partner aufs Spiel gesetzt wird, weil unsere Leben total auseinanderzudriften beginnen; oder dass wir den Kinderwunsch bis zum vierzigsten Geburtstag wegblinzeln, um wenigstens eine Weile in der Berufswelt mitgespielt zu haben. Klar, wer erst spät Kinder haben will, soll das so machen. Aber dass unzählige Frauen ihre Nachwuchspläne Jahr um Jahr verschieben, das wollen wir nicht mehr. Wir wollen berufstätig sein und Kinder großziehen – zur gleichen Zeit, und das kann einfach nicht zu viel verlangt sein. Wir wollen etwas, das für Männer ganz normal ist. Mehr nicht.

EINE KLEINE GESCHICHTE DES FEMINISMUS

Feminismus ist die logische Antwort auf Frauenunterdrückung. Und da diese spätestens seit der Antike belegt ist, können wir davon ausgehen, dass es seit Tausenden von Jahren Feministinnen gibt.

Frauen, die im alten Rom oder Griechenland lebten, wurden systematisch aus dem öffentlichen Leben ausgeschlossen. Sie durften weder wählen noch ein Amt bekleiden, es sind auch keine weiblichen Schriftstellerinnen aus der Antike überliefert. Auch wenn keine schriftlichen Belege dafür existieren: Sie werden sich über ihre Unfreiheit geärgert haben. Als die erste verbriefte Feministin gilt ein spätmittelalterliches Burgfräulein: Die junge Witwe Christine de Pisan brachte im 15. Jahrhundert ihre beiden Kinder durch, indem sie an einem französischen Hof als Schriftstellerin arbeitete. Sie verfasste das Buch »Die Stadt der Frauen«, in dem sie die Ungleichbehandlung von Frauen anprangerte. De Pisan empfand es als zutiefst ungerecht, dass Männer einerseits Frauen als geistig und moralisch minderwertig bezeichneten, ihnen aber gleichzeitig jegliche Selbstständigkeit und Chance auf Bildung und Verbesserung verweigerten. Eine denkende Frau hatte da nur zwei Möglichkeiten: sich dem Schicksal zu unterwerfen und in die Rolle der ungebildeten Puppe zu fügen oder sich von den anderen, scheinbar von Natur aus dummen Frauen abzugrenzen und damit dem eigenen Geschlecht die Solidarität aufzukündigen. Mit diesen beiden unattraktiven Alternativen gab sich de Pisan nicht zufrieden und brachte die kopernikanische Wende des Frauenbilds zu Papier: Frauen seien nicht ungebildet, weil sie zu dumm zum Lernen seien – sondern weil die Männer sie nicht lernen ließen. Der schlechte Ruf der Frauen sei nicht deren Schuld, sondern hätte seine Ursache bei den Männern, die diesen Ruf in Gesprächen und Schriften verbreiteten.

Während Männer in den vergangenen Jahrtausenden verschiedene Weltreiche schufen und wieder zerstörten, während sie die Elektrizität entdeckten, das Automobil und das Internet erfanden, sich die Bibel, die Dialektik und den Marxismus ausdachten, fanden sie irgendwie immer die Zeit, erstaunlich Mieses über Frauen zu schreiben. Selbstverständlich verfassten sie auch Millionen zärtlicher Oden an ihre Geliebten und Mütter. Nichtsdestotrotz kann man durch die Jahrhunderte eine unglaubliche Vielzahl an frauenfeindlichen Aussagen finden. Seien wir froh darüber, dass wir uns nicht mehr mit ungeheuerlichen Verlautbarungen wie etwa denen eines Aristoteles befassen müssen. Der große Staatsphilosoph äußerte im vierten Jahrhundert: »Der Mut des Mannes zeigt sich im Befehlen, der Mut der Frau im Gehorchen.« Über tausend Jahre später formulierte der italienische Schriftsteller Baldassare Castiglione: »Wenn eine Frau geboren wird, ist es eine Unvollkommenheit oder ein Fehler der Natur und das Gegenteil von dem, was sie hervorbringen möchte.« Und noch um die Wende des 19. zum 20. Jahrhundert veröffentlichte der Mediziner Paul Moebius ein Pamphlet mit dem Titel »Vom physiologischen Schwachsinn des Weibes«, um zu begründen, warum Frauen unter keinen Umständen zum Studium zugelassen werden sollten.

Ganz gleich, wo und wann sie lebten, hatten Frauen also ununterbrochen Gelegenheit, sich zu ärgern. Und irgendwann begannen sie dann auch zu handeln. Hier ist nicht der

Ort, um eine vollständige Geschichte des Feminismus oder gar der Frauen zu schreiben – es sind einfach zu viele Errungenschaften und Erringerinnen. Trotzdem wollen wir versuchen, uns zumindest eine Idee von dem weiten Weg zu verschaffen, den wir zurückgelegt haben.

EINS, ZWEI ODER DREI

Allgemein wird die Frauenbewegung in Wellen oder in Phasen gegliedert. Vor allem die US-amerikanischen Feministinnen unterteilen ihre Entwicklung in die *First, Second* und *Third Wave*. Die »erste Welle« steht besonders für den Kampf der Suffragetten im 19. Jahrhundert. Diese Vorkämpferinnen setzten sich vor allem für das Wahl- und Bildungsrecht für Frauen ein, mit Demonstrationen, passivem Widerstand und gelegentlichen Sabotageakten, wie zum Beispiel Bomben in Abgeordnetenbriefkästen. Welle Nummer zwei begann in den sechziger Jahren des letzten Jahrhunderts, und der Begriff *Third Wave Feminism* bezeichnet den jungen, popkulturell orientierten Feminismus, der seit den Neunzigern vor allem in den USA gedacht und praktiziert wird.

In Deutschland hingegen operiert man bisher nur mit zwei Phasen: Die »Alte Frauenbewegung« formierte sich Mitte des 19. Jahrhunderts und endete 1933 mit der Machtergreifung der Nationalsozialisten. Die »Neue Frauenbewegung« startete 1968, und ihre Protagonistinnen repräsentieren nach wie vor den deutschen Feminismus.

Wie so viele großartige Ideen – Verfassungsstaatlichkeit, die moderne Demokratie, Menschenrechte – nahm auch die Frauenbefreiung in Europa ihren Anfang mit der Französischen Revolution. Damals forderte die Schriftstellerin Olympe de Gouges als Erste öffentlich Freiheit, Gleichheit und Brüderlichkeit für alle Frauen. Dafür wurde sie 1793 mit dem Tod bestraft; Frauen blieben von der Teilnahme an der Nationalversammlung und allen anderen Einrichtungen der Republik kollektiv ausgeschlossen. Die Revolution war also reine Männersache.

Vier Jahre nach dem Tod von de Gouges veröffentlichte die Britin Mary Wollstonecraft die grundlegende feministische Kampfschrift der Neuzeit: das »Plädoyer für die Rechte der Frau«. Darin forderte sie die Gleichberechtigung der Geschlechter und prangerte das Frauenbild der Männer an. Jemand, der sich bei seiner Partnerin die »Fügsamkeit und dazu die Anhänglichkeit eines Cockerspaniels als Kardinaltugenden des weiblichen Geschlechts« wünsche, sei nicht ernst zu nehmen, war ihr Fazit.

In den deutschen Königreichen machte die napoleonische Herrschaft die zivile Ehe zum Kern aller familiären Beziehungen. Frauen besaßen außerhalb der Familie keinen Rechtsstatus, Unverheiratete waren praktisch rechtlos. Das änderte sich auch durch die preußischen Reformen nicht grundlegend. Dazu kam mit der Restaurationszeit eine neue Rechtsphilosophie auf. Die familiäre Sphäre wurde zunehmend als außerrechtlicher Bereich verstanden. Das heißt, Familienbeziehungen galten als rein privat und emotionaler Natur und nicht mehr als Gegenstand des bürgerlichen Rechts. Alle Macht über die Familienmitglieder lag ausschließlich beim Familienvater. Es gab keinerlei Instanz außerhalb des Hauses, an die sich eine Ehefrau oder ein Kind hätte wenden können, wenn es zu Problemen mit Ehemann oder Vater kam. Frauen besaßen keine politischen Rechte, sie durften weder wählen noch einer Partei beitreten. Ihre Eigentumsrechte waren beschränkt, sie selbst waren unmündig und durften ausschließlich Berufe ergreifen, die mit Kindererziehung zu tun hatten.

Durch die Revolution von 1848 kamen einige Frauen aus Bürgertum und Proletariat zum ersten Mal in direkte Berührung mit demokratischem Gedankengut und politischen Aktionen. Die Ereignisse inspirierten sie dazu, sich für die eigenen Rechte einzusetzen: 1865 gründete Louise Otto-Peters den »Allgemeinen Deutschen Frauenverein«, der sich vor allem für das Recht der Frau auf Bildung und Arbeit einsetzte. Clara Zetkin wurde in den 1890er Jahren bekannt als erste Frauenaktivistin der Arbeiterklasse, hatte allerdings immer mit der traditionellen Vernachlässigung der Frauenfrage in der sozialistischen Linken zu kämpfen. Diese ging bis vor wenigen Jahrzehnten noch davon aus, dass die Frauendiskriminierung nur ein »Nebenproblem« der allgemeinen Unterdrückung sei und gemeinsam mit der Klassenfrage durch eine Revolution automatisch gelöst würde. Die Schriftstellerin Hedwig Dohm begann in den 1870ern beißende Pamphlete gegen die Unterdrückung zu veröffentlichen, und die Aktivistin Anita Augspurg reichte zwischen 1899 und 1918 unzählige Petitionen für das Frauenwahlrecht beim Reichstag ein.

Ein Problem hatte die »Alte Frauenbewegung«: Sozialistinnen und Bürgersdamen kooperierten aus politischen Gründen und aufgrund sozialer Vorurteile nicht miteinander. Und anders als etwa die englischen Suffragetten, die für die Emanzipation nachgerade terroristische Aktionen bis hin zum Selbstmordattentat einsetzten, verhielten sich die deutschen Frauenrechtlerinnen außerordentlich kompromissbereit. Ihre Proteste beschränkten sich zumeist auf Texte, Flugblätter und Unterschriftensammlungen. Doch insgesamt erreichten sie in nur sechzig Jahren ziemlich viel: Nach und nach wurden Berufsbereiche für sie zugänglich gemacht, die nichts mit Erziehung zu tun hatten, wie die Post oder die Bahn. Zwischen 1900 und 1909 wurden alle Universitäten für Studentinnen geöffnet. Und mit der Revolution von 1918 bekamen die Frauen endlich das Wahlrecht.

Nach der Machtergreifung Hitlers 1933 löste sich der Dachverband der Frauenvereine, der Bund Deutscher Frauen, auf, um der Gleichschaltung zuvorzukommen. Gertrud Bäumer, die in den zwanziger Jahren eine führende Feministin gewesen war, schloss sich dagegen der nationalsozialistischen Bewegung an. Zwar möchten manche deutsche Feministinnen gern den Eindruck erwecken, der Nationalsozialismus sei ein rein männliches Phänomen gewesen, doch die Politikwissenschaftlerin Barbara Holland-Cunz weist in ihrem Buch »Die alte neue Frauenfrage« auf eine deutliche »inhaltliche und rhetorische Nähe zum Nationalsozialismus« in den Schriften der bürgerlichen Feministinnen hin.

Ab 1934 gab es keine weiblichen Beamten mehr, also keine Lehrerinnen, Professorinnen, Richterinnen, Staatsanwältinnen. Der »natürliche Beruf« der Frau war fortan die Mutterschaft, Frauen wurden unter den Nationalsozialisten zu Reproduktionsmaschinen. Die Feministinnen, die nicht ins Exil gegangen waren, zogen sich zurück oder gliederten sich in die neuen nationalsozialistischen Frauenorganisationen ein. Sie leisteten keinen Widerstand gegen die Verfolgung und Ermordung ihrer jüdischen Mitbürgerinnen und Mitbürger oder all die anderen Verbrechen, die in dieser Zeit verübt wurden.

Bis 1949 blieb der Feminismus vollkommen zersplittert. Während der Gründung der Bundesrepublik setzten sich unter anderem Elisabeth Selbert und Helene Wessel dafür ein, dass der Gleichberechtigungsgrundsatz in das Grundgesetz aufgenommen wurde. Im selben Jahr passierte in Frankreich etwas, das das weibliche Schicksal durch schiere intellektuelle Kraft verändern sollte. Simone de Beauvoir veröffentlichte »Das andere Geschlecht«. Darin analysierte sie Werke aus Literatur, Sexualmedizin und Psychoanalyse in Bezug auf die Rolle der Frau und schrieb den paradigmatischen Satz: »Man kommt nicht als Frau zur Welt, man wird es.« De Beauvoirs berühmtes Buch gilt als theoretischer Auftakt der »Neuen Frauenbewegung.« Es ist nach wie vor äußerst lesenswert und enthält viele Gedanken, die auch fast sechzig Jahre später noch aktuell sind. »Das andere Geschlecht« wurde in Europa und den USA zur Offenbarung für immer mehr Frauen. Doch erst 1968 zogen einige die Konsequenzen und begannen sich mit ganzer Kraft gegen die Fremdbestimmung zu wehren.

TOMATEN GEGEN DIE LINKEN CHAUVIS

Die Achtundsechziger gelten als die wichtigste politische Bewegung der Nachkriegszeit. Sie haben die Gesellschaft grundlegend verändert. Ihr Mut, ihre antibürgerlichen Ideen und ungewöhnlichen Lebensentwürfe faszinieren uns noch heute. Doch nur wenigen ist bewusst, dass die männlichen Mitglieder der Außerparlamentarischen Opposition und des Sozialistischen Deutschen Studentenbundes (SDS) ihren konservativen Gegnern in Sachen Chauvinismus in nichts nachstanden. Die Linken waren zwar theoretisch gegen alle bürgerlichen Konventionen; aber in der Praxis des Privatlebens sah es anders aus: Der Frau oder Freundin eines SDS-Mitglieds musste es genügen, wenn ein wenig seines Glanzes auf sie abstrahlte. »Die niedrigsten, langweiligsten und bescheidensten Arbeiten wurden immer noch von Frauen gemacht, und die Männer führten immer noch das Wort, sie schrieben die Artikel, sie machten alle interessanten Dinge und übernahmen die größten Verantwortungen«, erzählte Simone de Beauvoir 1971 in einem Interview mit Alice Schwarzer. Die Linken waren aufmerksam für jedes Anzeichen von Faschismus und Unterdrückung in der Gesellschaft – doch wie es in ihren eigenen Beziehungen aussah, registrierten sie nicht. Nicht ohne Grund stehen die bekennend antiintellektuelle Uschi Obermeier und ihr blanker Busen für die weibliche Seite der Achtundsechziger-Bewegung.

Aus Frustration über diese Verhältnisse taten sich im

Januar 1968 einige engagierte linke Damen zusammen und gründeten den Aktionsrat zur Befreiung der Frau. Als dessen Delegierte hielt die heutige Filmemacherin Helke Sander im September 1968 eine Rede vor der SDS-Versammlung. Sie stellte den SDS vor die Wahl, sich entweder der Sache der Frauen anzunehmen oder sich darauf einzustellen, dass sich die Frauen sich von ihm abwenden würden: »Genossen, wenn ihr nicht bereit seid für diese Diskussion (...) – dann müssen wir feststellen, dass der SDS nichts weiter ist als ein aufgeblähter konterrevolutionärer Hefeteig. Wir werden dann unsere eigenen Schlüsse ziehen.« Als die Genossen ungerührt zur Tagesordnung übergehen wollten, hielt die Aktionsrätin Sigrid Rüger es nicht mehr aus. Mit den Worten »Du bist objektiv ein Verräter und ein Agent des Klassenfeindes noch dazu!« bewarf sie einen der Männer auf dem Podium mit Tomaten. In den nächsten Wochen, Monaten und Jahren begannen sich die linken Frauen zu wehren, und ihr Kampfsymbol wurde die Tomate. Die Neue Frauenbewegung tat ihre ersten Schritte.

Nie von dieser grandiosen Szene gehört? Kein Wunder, denn im Laufe der Zeit übernahmen Alice Schwarzer und ihr Magazin *Emma* die Deutungshoheit über den Feminismus und seine Entwicklungsgeschichte. Ihrer Darstellung nach begann die Neue Frauenbewegung erst 1971 mit der Aktion »Ich habe abgetrieben«, die Schwarzer im Auftrag des Magazins *Stern* organisiert hatte. Doch während unter dem Einfluss solcher Aktionen das Abtreibungsverbot in Italien und Frankreich gänzlich beseitigt wurde, weigerte sich das deutsche Bundesverfassungsgericht, den Kabinettsbeschluss der Sozialliberalen Koalition anzuerkennen. Abtreibung ist in Deutschland zwar möglich, aber – wie erwähnt – nach wie vor nicht legal.

Das Recht auf Abtreibung war nicht das einzige Thema, dessen sich die Feministinnen annahmen. Erst mal kümmerten sie sich um sich selbst: Sie gründeten Frauenläden und Teestuben mit Eintrittsverbot für Männer. Sie veranstalteten Selbstfindungskreise und erkundeten ihre Geschlechtsorgane gemeinschaftlich im Handspiegelkurs. Für uns klingt das heute alles andere als verlockend. Aber was wir nicht vergessen dürfen: Heute halten wir es für selbstverständlich, dass Frauen eine eigene Meinung haben, dass wir über Rückzugsräume verfügen und keinen Mann für einen Orgasmus brauchen. Die meisten unserer Mütter und Großmütter kannten das gar nicht – sie mussten erst lernen, sich unabhängig von den Männern selbst wahrzunehmen.

»Das Private ist das Politische« wurde zum Leitmotiv der Bewegung, und ihre Vertreterinnen waren wild. Sie stürmten Gerichte und zogen ihre T-Shirts hoch, sie kaperten Schönheitswettbewerbe und schrieben Flugblätter mit dem Titel: »Befreit die sozialistischen Eminenzen von ihren bürgerlichen Schwänzen!«

Mal im Schnelldurchlauf ein paar Erfreulichkeiten, die es ohne Feminismus kaum gäbe: freie Berufswahl für Frauen, ein Frauenreferat im Familienministerium, Frauenbeauftragte an den Universitäten, ein Gleichstellungsgesetz, Frauenhäuser, Notrufzentralen für Vergewaltigungsopfer, ein Gesetz gegen sexuelle Belästigung, Strafbarkeit von Vergewaltigung in der Ehe, die Quotierung der Parteien, die Entdeckung der Klitoris, ein Haufen faszinierender Theorien zum Thema Frauen und Politik, Kultur oder Gesellschaft. Die reichen von Susan Brownmillers Abhandlung über die Vergewaltigung als Mittel der Frauenunterdrückung über die Arbeit von Luce Irigaray, die der Frau einen eigenen Platz in der Psychoanalyse verschaffte, und gehen von der Aufarbeitung der Geschichte der Frauen bis hin zu Judith Butlers Dekonstruktion des Geschlechterbegriffs. Das sind nur ein paar der bekannteren Beispiele, welche die Art und Weise, wie wir über die Geschlechter denken, grundlegend verändert haben.

MOMENT MAL, FEHLT DA NICHT WAS?

Genau: Auch in der DDR gab es Frauen, und auch sie lernten den Feminismus kennen, allerdings etwas später und ziemlich anders als ihre westlichen Nachbarinnen. Im sozialistischen Teil Deutschlands waren Frauen von Anfang an gleichberechtigt, zumindest auf dem Papier. Schon 1946 hatte sich die SED die volle Gleichberechtigung der Frau ins Programm geschrieben. Mit einer staatlichen Kinderbetreuung sorgte der Staat dafür, dass alle Frauen arbeiten gehen konnten. Die Motivation dazu war wirtschaftlicher Natur, denn Arbeitskräfte wurden für den Wiederaufbau dringend gebraucht. In der DDR-Verfassung wurde bereits 1955 festgeschrieben, dass beide Ehepartner gleichermaßen für den Haushalt verantwortlich seien – das Grundgesetz der Bundesrepublik brauchte dafür zwanzig Jahre länger. Für Frauen in der DDR war Berufstätigkeit also selbstverständlich. Und auch der Schwangerschaftsabbruch bis zur zwölften Woche wurde legalisiert.

Trotzdem lebten Frauen auch hier nicht leicht und selbstverwirklicht auf einer ostdeutschen Zuckerwolke. Denn die Entscheidungsfreiheit für oder gegen den Beruf hatten sie nicht. Die DDR-Bürgerin und der DDR-Bürger hatten die Pflicht, zu arbeiten. Und die Gewohnheit, die Frauen die Hausarbeit machen zu lassen, ließ sich den Männern nicht per Dekret austreiben. Im Normalfall blieb die klassische Geschlechterverteilung im Haushalt genau wie im Westen bestehen – Frauen arbeiteten also doppelt. Daher kam eine Karriere selten infrage, schließlich hätte das auch noch politisches Engagement und somit eine Dreifachbelastung erfordert.

In den Achtzigern begannen die Frauen auch in der DDR, sich zu organisieren. Vor allem protestierten sie gegen die Pläne der SED, sie zur Wehrpflicht heranzuziehen. Die Ost-Frauenbewegung setzte sich vor allem für Frieden ein, freiheitliche und intellektuelle Selbstentfaltung standen nicht im Zentrum ihrer Bemühungen. Kein Wunder also, dass es nach der Wende zwischen den Frauenrechtlerinnen der alten und neuen Bundesländer schnell zu Verständigungsschwierigkeiten kam: Auf der einen Seite die theoretisch und ideologisch vollgesogenen West-Emanzen, auf der anderen Seite die Ostfrauen, die nie eine bewusste Emanzipation durchgemacht hatten. Wie sollten sie nach vier Jahrzehnten vollkommen unterschiedlicher Prägung in politischer und kultureller Hinsicht zueinanderfinden? Ein gemeinsamer Feminismus hätte gewissermaßen noch mal von vorn beginnen müssen. Die Wiedervereinigungsturbulenzen ließen dafür keinen Platz.

Im Deutschland der Neunziger widerfuhr den Feministinnen dasselbe wie den Ökos: Andere Angelegenheiten drängten sich in den Vordergrund. Einerseits gab es neue soziale Probleme zu bewältigen, andererseits änderten sich die Prioritäten junger Menschen. Karriere, Konsum und Popkultur gewannen gegen Idealismus und Aktivismus. Frauen wurden zu Girlies und Kassettenmädchen und nahmen sich die schnutige Heike Makatsch mit ihrer X-Bein-Pose zum Vorbild. Warum auch nicht – es ging ihnen doch super. Der Feminismus zog sich immer mehr von der Straße zurück und professionalisierte sich: an den Universitäten oder im politischen Betrieb.

In den Köpfen der meisten Frauen und Männer hat sich seitdem der unsägliche Postfeminismus breitgemacht mit seinem tückischen Dauerraunen: »Seht ihr, es gibt nichts mehr zu kämpfen, deswegen ist der Feminismus vorbei.« Die Leier kennen wir. Tatsächlich können wir unheimlich dankbar sein und vielleicht auch ein bisschen stolz auf unsere feministischen Vorgängerinnen. Aber blättern wir noch mal zurück und sehen uns die Liste dessen an, was bisher erreicht worden ist. Da fehlt noch einiges: gleiche Bezahlung, gleiche Anerkennung und gleiche Sicherheit zum Beispiel.

Dem Feminismus sind nicht die Füße eingeschlafen, weil er nichts mehr zu tun hat. Nein, er ist einfach nur den Weg so vieler eigentlich grandioser Bewegungen gegangen: in die Grabenkämpfe und die Rechthaberei. Unter politisch Aktiven gibt es immer Menschen, die ihre eigenen Überzeugungen zu allgemeinen Wahrheiten erheben. Davor sind auch die Feministinnen nicht gefeit. Und weil das zentrale Thema der Neuen Frauenbewegung letztlich das Privatleben war, schadete dieser Reflex der Entwicklung des Feminismus ganz besonders. Denn wenn ständig eine erzählt, wie alle anderen richtig zu leben haben, dann nervt das.

PREDIGERINNEN UND IHRE PROBLEME

Diese Konflikte entstanden auf der ganzen Welt, wo sich Frauenbewegungen entwickelten. Bezüglich bestimmter Kernthemen konnten sich die Feministinnen immer einigen: Abtreibungsrecht, Kinderbetreuung, rechtliche und wirtschaftliche Gleichstellung von Frau und Mann. Aber hier endet die Liste der Gemeinsamkeiten. Vor allem am Thema Sex spaltete sich die Bewegung: So standen sich etwa Hetero- und Homo-Frauen immer misstrauisch gegenüber. Die Frauenbewegung hatte als Befreiung der Mütter und Hausfrauen begonnen – also von eher heterosexuell veranlagten Damen. Lesben kamen in dem Konzept zunächst nicht vor, bis sich immer mehr Feministinnen outeten. Immer wieder erklärten einzelne Theoretikerinnen die Homosexualität zu einer politischen Entscheidung – anstelle einer persönlichen Veranlagung galt sie auf einmal als Vollendung des Feminismus. Wahre Befreiung von den Männern sei nur dann möglich, wenn Frauen zu ihnen auch keine sexuellen Beziehungen mehr pflegten. Eine Lebenswelt ganz ohne Männer galt als Ideal.

Derartige Debatten irritierten sowohl Hetero-Frauen als

auch Lesben und brachten viele dazu, sich von dem Konzept des Feminismus zu distanzieren. Noch stärker spaltete aber die radikalfeministische Kampagne gegen die Pornografie und den Sadomasochismus. Eine Frau, die an so etwas teilnehme, so auch Alice Schwarzers Parole, verrate die Frauen ganz im Allgemeinen. Dazu passte schlecht, dass sich in den späten Siebzigern gerade unter Lesben eine rege Bondage/Disciplin-Sadomaso- und auch Pornokultur entwickelt hatte. Sollten deren Anhängerinnen sich jetzt auch vorwerfen lassen, sie seien Agentinnen des Patriarchats?

Und das sind nur zwei von vielen Beispielen dafür, wie die zwanghafte Suche nach einer politisch korrekten Sexualität den Feminismus zersplitterte. Wenn das Private politisch ist, kommen schnell Kontrollzwang und ideologischer Totalanspruch auf.

Überhaupt, die Predigten: Da hatten sich die Frauen gerade von der patriarchalischen Bevormundung befreit, und schon wollten ihnen ihre eigenen Weggefährtinnen wieder etwas vorschreiben. Feministinnen mit Kindern beklagten sich darüber, dass sie von kinderlosen Mitstreiterinnen diskriminiert würden. »Ökofeministinnen« wurden von den gemäßigten Gleichstellungsfeministinnen ausgelacht, Lesben fühlten sich von den Heteras herabgesetzt, während die das Mantra »Jeder Mann ist ein potenzieller Vergewaltiger« zunehmend abstoßend fanden. Alice Schwarzer musste sich als miese Kapitalistin beschimpfen lassen, weil sie ihre Zeitschrift *Emma* zu einem rentablen Unternehmen ausbaute. Sie selbst zerstritt sich damals mit vielen Frauen, die andere Ideen oder Lebensentwürfe verfolgten. Dazu gehört, wie Bascha Mika in einer unautorisierten Biografie schreibt, auch die Belegschaft der ersten *Emma*-Redaktion. Alice Schwarzer. Keine wirkte so ambivalent wie sie: Einerseits machte sie mit ihrem Engagement Frauenthemen endlich mehrheits- und vermarktungsfähig. Andererseits schwang sie sich zum

Oberboss des Feminismus auf und nahm ihm damit einiges von seiner Vielfältigkeit, die ihn am Leben gehalten hatte. Sie mag – vielleicht auch zu Recht – behaupten, wie etwa im »Kleinen Unterschied«, dass ihr diese Rolle unter Protest aufgezwungen wurde. Doch einer Frau, die sich ständig selbst aufs Titelblatt des eigenen Magazins drucken lässt, kann man ihre angebliche Bescheidenheit rein strukturell nicht abnehmen.

UND JETZT?

In den USA entwickelte sich in den Neunzigern aus ähnlichen Auseinandersetzungen der *Third Wave*-Feminismus. Dessen Protagonistinnen konzentrieren sich vor allem auf Themen wie Sexualität und Popkultur. Und dieses Jahrzehnt hat eine neue Generation junger Feministinnen hervorgebracht, die vor allem im Internet aktiv sind, aber auch herkömmlichen politischen Aktivismus betreiben, ohne sich großartig zu definieren.

Der deutsche Feminismus hingegen hat heute offenbar nur noch eine feste Einrichtung: Alice Schwarzer. Ansonsten fehlt es ihm an öffentlicher Präsenz. Es gibt keine attraktiven Organisationen, es gibt nicht einmal kleine, sichtbare Gruppen. Die Frauenbewegung hat die größten und greifbaren Ziele erreicht. Frauen sind der Verfassung nach gleichberechtigt – also zumindest theoretisch –, der Frauenauftrag ist fester bürokratischer Bestandteil an politischen und öffentlichen Einrichtungen. Eine Rest-Frauenbewegung findet auf der Mikroebene der Notruf-Hotlines und Frauenhäuser statt und kulturell weitab des Mainstreams auf Ladyfesten.

Doch dem Feminismus mangelt es vor allem an uns. Im Gegensatz zu unseren Eltern und Großeltern sieht unsere Generation größtenteils von einem Engagement für eine gerechtere, freiere Welt ab. Wir sehen Ungerechtigkeit in unserer Gesellschaft als individuelles Problem, das wir meinen durch Leistungsbereitschaft und Fleiß schon umgehen zu können. Wir sind ein Heer von Einzelkämpferinnen und haben vergessen, wie schön und befriedigend es sein kann, mit anderen gemeinsame Sache zu machen, abgesehen davon, dass man zusammen auch schneller, schlauer und stärker ist. Das gilt natürlich nicht nur für die Frauensache. Aber gerade weil es dabei um uns geht, hat sie all unsere Aufmerksamkeit verdient. Sonst wird es noch ewig dauern, bis wir endlich überall mitspielen können. Zugegeben: Einzelne Frauen haben es geschafft, sich ein Stück vom Machtkuchen zu erobern. Nur stellt sich die Frage: Warum holen sich nicht alle Frauen über die Hälfte, die ihnen zusteht?

DIE WEIBLICHE SEITE DER MACHT

Machen wir uns nichts vor: Männer haben das Sagen, Frauen nicht. Auch wenn Deutschland seit über zwei Jahren von einer Frau regiert wird, ist die Macht in unserem Land immer noch eindeutig zugunsten der Männer verteilt. Der Definition des Soziologen Max Weber zufolge ist Macht »jede Chance, innerhalb einer sozialen Beziehung den eigenen Willen auch gegen Widerstreben durchzusetzen, gleichviel, worauf diese Chance beruht«. Der französische Philosoph Michel Foucault löste den Machtbegriff von der Ebene der Personen und definierte »Macht« als Wechselspiel innerhalb einer Gesellschaft: »In Gesellschaft leben bedeutet: Es ist stets möglich, dass die einen auf das Handeln anderer einwirken. Eine Gesellschaft ohne Machtbeziehungen wäre nur eine Abstraktion.« Werden die Machtbeziehungen unbeweglich, handelt es sich laut Foucault um »Herrschaftszustände«; dann ist es den einen gelungen, Handlungsmöglichkeiten und Freiheitsspielräume der anderen stark einzuschränken.

Auf unseren Alltag bezogen heißt das: Männer haben die Herrschaft, weil sie viele Möglichkeiten für Frauen einfach blockieren. Und diese Machtbeziehung ist auch deswegen so starr, weil Frauen das zulassen. Denn obwohl Macht erst mal nur bedeutet, den eigenen Willen in einem sozialen Gefüge durchzusetzen, was etwas Gutes bedeuten kann, assoziieren wir mit dem Begriff im Deutschen hauptsächlich Negatives. Anders als zum Beispiel im Englischen, wo in dem Wort *power* auch »Kraft« mitschwingt, denken wir bei »Machtherrschaft« an Tyrannen, die wir uns sicher nicht zum Vorbild machen wollen. »Machtergreifung« erinnert uns an die Nationalsozialisten, mit dem Wort »Machtmissbrauch« verbinden wir Personen, die Staatsgelder veruntreuen, oder Erwachsene, die sich an Kindern vergreifen. Macht ist für uns das Privileg einiger weniger, die ihren Willen durchsetzen und dabei nur den eigenen Vorteil im Blick haben – ohne Rücksicht auf Verluste.

Obwohl Macht etwas ist, das niemanden aufgrund seines Geschlechts ausschließt – jeder kann mal eine Chance ergreifen und sich vor anderen behaupten –, gibt es in unserem Land nur wenige Frauen, die Einfluss haben. Seit 2005 regiert eine Kanzlerin, doch nur fünf Frauen leiten Ressorts in den insgesamt vierzehn Bundesministerien. In den einflussreichen Bereichen wie Wirtschaft, Innen- und Außenpolitik herrschen Männer, ebenso auf Länderebene. Es gibt derzeit keine einzige Ministerpräsidentin.

Auch in der Wissenschaft sieht es arm aus. Nur 9,2 Prozent der Spitzenprofessuren werden von Frauen besetzt. Männer leiten die meisten Forschungsprojekte; auch wenn Frauen in vielen Teams mitarbeiten, liegt so die Deutungshoheit über Forschungsergebnisse generell bei den Männern. Ähnlich ist es in der Wirtschaftswelt. Zwei Drittel der Arbeit wird weltweit von Frauen geleistet, die aber nur ein Zehntel des Gesamteinkommens verdienen und laut einer Statistik der Vereinten Nationen von 2005 weniger als ein Hundertstel des Weltvermögens besitzen. Nur ein knappes Drittel der deutschen Fach- und Führungskräfte im öffentlichen Dienst ist weiblich. In den Chefetagen der privatwirtschaftlichen Unternehmen und Verbände arbeiten so gut wie gar keine Frauen, im Top-Management waren es 2004 gerade mal vier

Prozent. Betriebsräte haben fast immer einen männlichen Vorstand, nur ein Vorstandsmitglied der dreißig DAX-Unternehmen ist weiblich, was Bundeskanzlerin Angela Merkel mit den Worten kommentierte: »Das ist nicht nur komisch, sondern auch absolut veränderungsbedürftig.«

Viele Journalistinnen und Schriftstellerinnen beobachten und kommentieren unser Leben, auch für die breite Masse; doch es gibt kein weibliches Pendant zu Günter Grass oder Helmut Schmidt. Für viele Jungen ist der Nationalspieler und Mittelfeldstar Michael Ballack ein leuchtendes Vorbild, sein Marktwert wird auf 28,6 Millionen Euro geschätzt. Davon kann die siebenfache Fußballerin des Jahres, Birgit Prinz, deren Tore 2007 zum zweiten Mal den deutschen Weltmeistertitel sicherten, nur träumen.

Eine traurige Bilanz. »Wir sind es gewohnt, Eliten als männlich anzusehen – nicht nur in Deutschland, sondern weltweit«, sagt die Augsburger Pädagogik-Professorin Hildegard Macha. In fast dreißig Jahren Frauenförderung haben wir es nicht geschafft, uns nachhaltig an der Spitze zu behaupten.

MÄCHTIG WAS GUTES TUN

Schon klar: In den letzten paar tausend Jahren sind eine Menge Verbrechen und Grausamkeiten von Machthabern verübt worden, um die jeweils Unterlegenen möglichst konsequent zu unterdrücken. Eine sichere Methode, jemanden an der Einflussnahme zu hindern, ist die Verweigerung von Bildung – in totalitären Kulturen werden beispielsweise oft die Mädchen von Schulen ferngehalten. Wer lesen, schreiben und rechnen kann, will auch selbstständig denken und entscheiden. Eine Gefahr für das Machtgefüge. Auch das Mittel der Vergewaltigung kommt in manchen Fällen zum Einsatz, um den Status quo zu wahren, wie die Weltgesundheitsorganisation in ihrem Weltbericht »Gewalt und Gesundheit« 2002 konstatierte: »Durch Bildung und damit verbundener Eigenständigkeit setzen Frauen sich einem höheren Risiko für sexuelle Gewalt aus. Eine mögliche Erklärung hierfür wäre, dass sich die eigenständig gewordene Frau eher gegen patriarchalische Strukturen wehrt und ihr Partner Gewalt anwendet, um die Kontrolle wiederzuerlangen.«

Doch nicht immer sind es nur die Männer, die Frauen den Zugang zur Bildung verweigern, keine bürgerlichen Rechte zugestehen oder körperliche Gewalt antun. Manchmal unterdrücken auch Frauen andere Frauen, etwa in einigen islamischen Kulturen, wenn eine Großmutter ihre Enkeltochter an der Klitoris beschneidet. Warum Frauen an diesen rückständigen und grausamen Bräuchen festhalten, erklärt die Publizistin Ayaan Hirsi Ali: »Sie treten als deren Hüterinnen auf. Das ist für sie eine Form von Macht.« Die falsche Macht – über den Körper der ohnehin Unterlegenen.

Nicht nur Schmerz wird als Machtinstrument eingesetzt, auch sexuelle Lust gehört dazu. In »Lysistrata« erzählt der antike Dichter Aristophanes die Geschichte der Titelheldin, die gemeinsam mit den Frauen Athens und Spartas einen Krieg beendet. Sie ermuntert alle Frauen, sich ihren Männern so lange sexuell zu verweigern, bis sie die Waffen fallen lassen. Der Plan geht auf, und Friede kehrt ein. Doch wer will schon seine Sexualität als Mittel zum Zweck einsetzen? Keine Frau möchte sich »hochschlafen«, sondern ihren Willen aufgrund ihrer fachlichen Leistungen durchsetzen.

Es ist ein Irrglaube, davon auszugehen, dass Frauen in einflussreichen Positionen die Welt zum Wohl aller Frauen ändern wollen. So hat Margaret Thatcher, die erste britische Premierministerin, ihre Macht nicht einmal im Ansatz für weibliche Belange im Vereinigten Königreich genutzt, ebenso wenig wie sich Indira Gandhi als indische Präsidentin für die Frauen ihres Landes einsetzte.

Macht bedeutet dennoch nicht automatisch Missbrauch. Macht ist die Wahrnehmung von Chancen, etwas Gutes zu tun, unsere Welt und unsere Zukunft zu gestalten. Das geht auch in kleinen Schritten, zum Beispiel, wenn wir den Supermarkt um die Ecke boykottieren, von dem wir wissen, dass dort Angestellte geknechtet werden. Oder: Jede Einzelne von uns besitzt das von Feministinnen lange geforderte Recht zu wählen; seit 1984 existiert das Frauenwahlrecht in ganz Europa und seit 2005, als Kuwait hinzukam, auf der ganzen Welt, sieht man von Saudi-Arabien, dem Vatikanstaat und Ländern, in denen nicht gewählt wird, einmal ab. Zu wählen bedeutet, Macht auszuüben, genauso wie es eine Form von Macht ist, die Initiative zu ergreifen, Mut zu haben, Verantwortung zu übernehmen und ein Vorbild für andere sein zu wollen.

Seit 1999 versucht uns dabei sogar der Staat zu helfen, durch »Gender Mainstreaming«. Zusätzlich zur Quotenregelung und dem Gleichstellungsgesetz wurde dieses Prinzip eingeführt. Es geht um die Idee, »bei allen gesellschaftlichen Vorhaben die unterschiedlichen Lebenssituationen und Interessen von Frauen und Männern von vornherein und regelmäßig zu berücksichtigen, da es keine geschlechtsneutrale Wirklichkeit gibt«, so die Definition der Bundesregierung. Hinter diesem Prinzip steht die Auffassung, dass eine Neuordnung unserer Welt anhand zweier gleichwertiger Gruppen, den Frauen und den Männern, theoretisch möglich ist. Diese Vorstellung behagt nicht jedem. Im *Spiegel* ist zum Beispiel von einem »Erziehungsprogramm« die Rede: »Gender Mainstreaming will nicht nur die Lage der Menschen ändern, sondern die Menschen selbst.« Ein Autor der *Frankfurter Allgemeinen Sonntagszeitung* fasst etwas weinerlich zusammen: »Ein paar Jahre ›Gender Mainstreaming‹ – seit 1997 offizielle EU-Politik, die Bürokraten als ›durchgehende Gleichstellungsorientierung‹ übersetzen – haben ausgereicht, um den Mann in ein psychisch labiles Problembärchen zu verwandeln.« – Problembärchen? Wenn Frauen gewinnen, müssen nicht automatisch die Männer verlieren.

WIR WOLLEN AUCH MITSPIELEN

Schon heute können wir uns an Frauen in Spitzenpositionen orientieren, die ihre Macht auf angenehme Weise ausüben. Die Bundesfamilienministerin Ursula von der Leyen erzählt im Gespräch mit der Journalistin Maria von Welser: »Die Frauen (…) zelebrieren die Macht nicht so stark. Man merkt das daran, dass der Tross um sie herum deutlich kleiner ist als bei vielen Männern, die da förmlich angerauscht kommen.« Monika Piel, seit 2006 Chefin des Westdeutschen Rundfunks: »Der Führungsstil von Frauen ist sachlicher als der von Männern, er ist den Mitarbeitern zugewandt. Frauen sehen den Mitarbeiter nicht nur als Leistungsträger, sondern auch als Menschen (…), erkennen beispielsweise, ob jemand Kummer hat, sind (…) deutlich uneitler.« Durch die Neuentdeckung der Macht gingen Frauen häufig mit einem »unbefangeneren Blick an Probleme heran, ihr Bezug zur Alltagsrealität funktioniert besser als jener der Männer, die fast ausschließlich in den abgehobenen Sphären der Macht verkehren«, stellt die österreichische Publizistin Trautl Brandstaller fest.

Eine Studie der Akademie für Führungskräfte der Wirtschaft zusammen mit dem European Women's Management Development Network von 2004, für die 270 Frauen in Führungspositionen befragt wurden, zeigt: Macht bedeutet für Frauen zumeist die Möglichkeit, »Dinge bewe-

gen und verändern zu können«, gefolgt von »Einfluss ausüben können« sowie »sozialkompetent und verantwortlich
handeln«.

Einfluss und Verantwortung, menschenfreundliche Entscheidungen, die Absicht, Gutes zu tun: Wir können mit
vollem Einsatz ganz nach oben kommen, uns für Macht begeistern und einsetzen. Es gibt aber viele Gründe, warum
wir es noch nicht so richtig tun. Und damit haben auch die
Männer zu tun. Lange Zeit hieß es, die Schullaufbahn wäre
schuld an unseren weniger erfolgreich verlaufenden Karrieren. Doch dort stehen Mädchen Jungen heute in nichts
mehr nach, ja, das Bundesamt für Statistik meldete sogar
für das Schuljahr 2006/2007, dass Mädchen im Durchschnitt
weniger Sonderschulen und Hauptschulen besuchten, an
Gymnasien aber häufiger repräsentiert seien als Jungen. Im
Wintersemester 2006/2007 begannen 117 965 Studenten und
130 064 Studentinnen ein Hochschulstudium in Deutschland.

Bis zum Studienabschluss sind sich die akademischen
Karrierepfade von Frauen und Männern relativ ähnlich.
Erst ab den Stationen Promotion, Habilitation und Profes-
sur steigen wir aus. Der Grund: die Lebenssituation, in der
wir uns dann befinden. Die ausschlaggebende Phase der
wissenschaftlichen Karriere fällt in das Jahrzehnt zwischen
dreißigstem und vierzigstem Lebensjahr – in die Zeit also, in
der Akademikerinnen gemeinhin Kinder bekommen. Und da
der Hochschulbetrieb mit späten Sitzungen und Wochen-
endarbeit alles andere als familienfreundlich organisiert ist,
haben Mütter große Schwierigkeiten, Beruf und Kinder zu
vereinbaren.

Diese strukturellen Hindernisse kommen nicht von ungefähr, meint Londa Schiebinger, US-amerikanische Professorin
für Wissenschaftsgeschichte, sie entsprängen einer pseudo-
demokratischen Aufteilung der Welt: »Bis ins 18. Jahrhundert trugen Männer noch nicht das Zeichen ›rational‹ auf

der Stirn, genauso wenig wie Frauen als rein emotional galten. Erst als die große Frage aufkam: Was stellen wir in einer Demokratie mit den Frauen an, ohne ihnen tatsächlich die gleichen Rechte geben zu müssen?, rissen die Männer die Wissenschaften, die Berufswelt, die Politik völlig an sich, während Frauen sich ausschließlich liebevoll der Familie widmen sollten.«

MACHT UND DIE »ROLLE ALS FRAU«

Die Familie als Exklusivterritorium der Frau, versuchte uns im Jahr 2006 unter anderem der französische Psychiater Michel Schneider schmackhaft zu machen. In seinem Buch »La confusion des sexes« vertrat er die Ansicht, Frauen besäßen ja längst die Macht, da demografische Zukunft und Vermittlung von Werten an die Kinder in ihrem Einflussbereich lägen. Daher sollten sie den Männern nicht auch noch die letzte ihnen verbleibende Vormacht nehmen, nämlich die alleinige Herrschaft in der Politik. Schneider wollte damit die erste französische Präsidentschaftskandidatin Ségolène Royal angreifen und bediente sich dabei des kleinen Einmaleins des Chauvinismus.

Beruf und Familie können durchaus vereinbar sein. Männern fällt das oft leichter, da hinter jedem mächtigen Mann ja eine fürsorgliche Frau steht. Heißt es. Hinter jeder starken Frau steht zwar nicht unbedingt ein fürsorglicher Mann, wenn überhaupt, steht er neben ihr, aber auch das kann gut funktionieren, wenn gegenseitige Unterstützung als höchstes Prinzip der Partnerschaft gilt. Das Ehepaar Hillary Rodham Clinton und Bill Clinton sei hier als Beispiel angeführt; beide sind äußerst erfolgreich in der Politik. Nach der Präsidentschaftskandidatur ihres Mannes verkündete Hillary Clinton, sie werde keine »typische Politikergattin«. Als er dann Präsident der Vereinigten Staaten wurde, engagierte sie sich stark für Frauenrechte. Nach dem Ablauf der zweiten Legislaturperiode wurde sie Senatorin in New York. Bill Clinton unterstützt ihre politische Karriere, so wie sie lange Jahre seine mitgetragen hat.

Gerade weil Frauen anders mit Macht umgehen, fühlen sich viele Männer extrem verunsichert, wenn sie mit mächtigen Frauen zu tun haben. Immer wieder kommt dann der Vorwurf, dass diese Position doch gar nicht zur »Rolle als Frau« passen würde. Ein einziger Fehler soll dann sofort mangelnde Kompetenz, schlechte Führungsqualitäten und berufliche Verantwortungslosigkeit beweisen. Dieser Automatismus ist überall zu beobachten. Besonders wenn eine Frau den Job eines Mannes anstrebt, wird sie nicht selten äußerst intensiv mit ihrem Vorgänger verglichen. Und zwar nicht auf Basis ihrer fachlichen Kompetenz, sondern ihrer Weiblichkeit.

Frank Schirrmacher äußerte sich 2003 besorgt in der *Frankfurter Allgemeinen Zeitung*: »»Frauen übernehmen die Bewusstseinsindustrie.« Weil Friedrich Merz in Sabine Christiansens Talkshow die Meinung vertreten hatte, ihre Sendung sei mittlerweile wichtiger für die politische Agenda als der deutsche Bundestag, sah Schirrmacher das Abendland untergehen. Die Neubewertung ihrer journalistischen Arbeit, die wohl viel eher als Charmeoffensive ihres Talkgastes zu deuten ist, interpretierte der Publizist als Zeichen einer starken gesellschaftlichen Veränderung: »Nicht viele Männer haben bislang begriffen, was da vor sich geht, wenngleich sich die Notrufe entgeisterter Manager, fassungsloser Patriarchen und ängstlicher Staatsmänner häufen.« Die Macht werde von der Gesellschaft neu verteilt – zugunsten der Frauen. Und dann tat sich Sabine Christiansen, die damals auf ihrer Website als »die mächtigste Frau im deutschen Fernsehen« beschrieben wurde, auch noch mit den beiden mächtigsten deutschen Verlegerinnen Friede Springer und Liz Mohn sowie Alice Schwarzer und einigen anderen Frauen zusammen, um unter dem Kürzel »MFM« – »Mehr für Merkel« – den Aufstieg Angela Merkels zu stützen. Nie zuvor habe es eine solche Solidarität unter Frauen gegeben, stellte Schirrmacher fest und schloss daraus: »Frauen übernehmen die Vermittlung und sogar die Macht einer zerfallenden Gesellschaft.«

Tatsächlich gelangen Frauen nur in Ausnahmefällen auf direktem Weg in Machtpositionen. Anders ist das in Krisenzeiten: Dann haben sie eher die Möglichkeit, Einfluss zu gewinnen, weil sie die »Trümmer aufräumen«. Nachdem Angela Merkel im Zuge des großen CDU-Spendenskandals die Spitze ihrer Partei erreicht hatte, zog sie 2005 in den Wahlkampf für das Amt der Bundeskanzlerin. Sogleich stand ihr Geschlecht im Mittelpunkt, ihre Weiblichkeit wurde gezielt angegriffen. Als die Kandidatur offiziell war, schufen Journalisten neue Parolen und fragten: »Kan-di-dat?« Ähnlich erging es Ségolène Royal. Sie wusste nicht genau, wie viele französische Atom-U-Boote es gibt – die Presse kommentierte das als »typisch weiblich«. Das Gleiche im Showbusiness: Anke Engelke scheiterte als Late-Night-Show-Nachfolgerin von Harald Schmidt aufgrund ihres Geschlechts. »Wer will sich abends von einer Frau die Welt erklären lassen?«, hieß es in der *Süddeutschen Zeitung*. Sie symbolisiere, so eine Journalistin in der *Tageszeitung*, »den Anfang vom Ende der Frau als Frau«. Engelke sagte später in einem Interview mit dem *Süddeutsche Zeitung Magazin*: »Möglicherweise ist es für Männer ein bisschen einfacher, sich hinzustellen, Hände in den Hosentaschen, und zu sagen: Jetzt hört mal her!«

Damit hat sie wohl recht: In unserer Gesellschaft gilt es nach wie vor als »unweiblich«, im Rampenlicht zu stehen, Einfluss zu haben, Macht zu übernehmen.

»JETZT HÖRT MAL HER!«

Simone de Beauvoir schrieb bereits 1949 in »Das andere Geschlecht«: »›Frauen bleiben immer Frauen‹, sagen die Skeptiker, und andere Hellseher prophezeien, dass es den Frauen, wenn sie ihre Weiblichkeit ablegen, nicht gelingen wird, sich in Männer zu verwandeln, und dass sie dann zu Ungeheuern werden.« Eine Lose-lose-Situation: Verhalten wir uns »wie Frauen«, kommen wir in den maskulinen Machtstrukturen nicht weiter, verhalten wir uns »wie Männer«, werden wir nicht akzeptiert, weil uns nichts Feminines mehr anhaftet.

Wir sehen Eliten als männliche Gruppierungen und können Führungspositionen schwer mit Weiblichkeit verbinden. Vielen von uns fehlt es an Selbstbewusstsein, Erfolge so stark zu präsentieren, wie wir es könnten. Wir verbergen Talente und sind häufig lieber die eigene Sekretärin, als jemand anderen um Unterstützung zu bitten. Dabei stecken wir unsere Energie auch manchmal in die falschen Dinge, in Fleißaufgaben statt in Netzwerk- oder Karrierearbeit. Die Unternehmerin und Familienforscherin Gisela Erler stellt fest: »Viele Frauen sind zu fleißig. Wenn du Erfolg haben willst, sei nicht fleißig, sondern strategisch.« Kontakte knüpfen, quer durch alle Hierarchie-Ebenen – das sollten wir uns von den Männern abschauen. Männer haben längst begriffen, dass sich Macht mehren lässt, wenn man sie teilt; so ziehen sie Gleichgesinnte heran, mit denen sie beim Feierabendbier Pläne schmieden und an die sie Aufgaben delegieren können. Doch wie eine Studie der German Consulting Group von 2005 zeigt, fördern Männer lieber Männer, da sie die Vorgehensweise von Frauen oft nicht nachvollziehen können. Da bleiben sie lieber unter sich.

In einer Gruppe, gemeinsam mit Verbündeten, wächst die Möglichkeit, das Bestehende zu verändern. Das erkannten auch die Frauen Ende der sechziger Jahre und veränderten die Gesellschaft grundlegend, indem sie sich zusammenschlossen für den sogenannten Marsch durch die Institutionen. Feministinnen haben immer um Macht gekämpft. In all den Jahren haben sich dann auch innerhalb der Frauenbewegung Machtstrukturen herausgebildet. Es gibt einige wenige Leitfrauen, viele unauffällig Engagierte und ein unbekannt großes Heer von Sympathisantinnen. Manche sind der Meinung, dass es ein » Wir Feministinnen« heute nicht mehr geben kann, da die gemeinsame Basis in den letzten Jahren zerstört wurde. Es gibt Mütter-, Old-School-, Schwanzab-, konservative und noch viele, viele Feministinnen mehr. Jede Gruppierung vertritt in Bezug auf bestimmte Themen unterschiedliche Ansichten. Manche Feministinnen haben sich durch Haltung und Sprache so sehr isoliert, dass sie Außenstehenden wie verschlossene Bücher voller Herrschaftswissen erscheinen: irgendwie interessant, aber zu abstrakt und nutzlos für den Alltag. Es gibt feministische Theorien und Dogmen für viele spezielle Umstände, aber keine Anleitungen und Lösungsansätze für das ganz alltägliche Leben. Auf diese Art betrieben, wird der Feminismus zersplittert und damit wirkungslos. Chance verpasst – denn wenn der Machterhaltungstrieb von Einzelnen die gemeinsame Idee untergräbt, sind alle gescheitert, erstarrt in egozentrischer Sturheit einiger weniger.

Macht gibt die Möglichkeit, die eigenen Vorstellungen durchzusetzen für das Wohl einer Gemeinschaft. Als der scheidende Chef des Werkzeugmaschinenkonzerns Trumpf seine Firma weder an den Sohn noch an den Schwiegersohn, sondern an seine Tochter, die promovierte Germanistin Nicola Leibinger-Kammüller, übergab, waren Branchenexperten überrascht. Sofort stand die Frage im Raum, ob eine Frau, die nicht mal Ingenieurin war, einen Technologieriesen mit weltweiten Filialen leiten könne. Doch genau darin sah ihr Vater die Chancen für das Unternehmen: Führungsqualität sei eine Frage der Haltung, erklärte er seine Entscheidung gegenüber dem *Manager Magazin*, außerdem bestünde ein großer Teil seiner Arbeit und seines Erfolgs darin, Dinge zu tun, die mit dem Ingenieurwissen gar nichts zu tun hätten. Im Geschäftsjahr 2006/2007 steigerte Leibinger-Kammüller den Umsatz des Unternehmens um 18 Prozent und beseitigte spätestens dadurch alle Zweifel an ihrer Kompetenz.

EINE FRAGE DER HALTUNG

In einem Interview vor der Bundestagswahl 2005 sagte Angela Merkel zu Alice Schwarzer: »Wenn Sie mich wählen, sollten Sie mich natürlich auch wegen meiner Überzeugung und Konzepte wählen und nicht nur wegen meines Geschlechts.« Immer wieder stand aber gerade ihr Geschlecht im Fokus der medialen Berichterstattung. Ob sie Angst vor den bösen Buben ihrer Partei hätte, fragten Journalistinnen und Journalisten. Sie kommentierten ihre Frisur, ihr Makeup und ihre Kleidung – es galt schließlich die Nachfolge eines Mannes anzutreten, der vor Gericht gezogen war, um sich von der Behauptung zu befreien, er würde seine Haare färben! »Eine nahezu märchenhafte Wandlung vom hässlichen Entlein zum schönen Schwan«, meldete eine Autorin der *Augsburger Allgemeinen* und fügte hinzu, Merkel sei »auch heute noch keine Bilderbuchschönheit«. Die Kandidatin ließ sich nicht provozieren. Schließlich wurden Umfragen veröffentlicht, in denen Frauen verrieten, eine Frau könne besser regieren als ein Mann, ja, das Geschlecht würde eine Rolle bei der Wahlentscheidung spielen. Und dann verkündete Angela Merkel: »Wenn ich eines Tages auf mein politisches Leben zurückblicke, möchte ich da nicht lesen: selber Karriere gemacht, aber für andere Frauen nichts getan.«

Eines ist Angela Merkel auf jeden Fall schon gelungen: Sie hat ihre Chance, Macht auszuüben, ergriffen. Von der Politik über die Karriere bis zur Gestaltung des Alltags – geht es um Macht, müssen sich alle angesprochen fühlen. Wir haben ein Recht, mitzumachen. Und es ist auch unsere Pflicht. Wer sich hinter der eigenen Feigheit oder Bequemlichkeit versteckt und sich keinen eigenen Handlungsspielraum erkämpft, verpasst die Möglichkeit, etwas zu verändern, die Chance, etwas zu erschaffen. Wir dürfen keine Abneigung oder Angst vor Macht haben – sie bietet uns den Weg, das, was uns wichtig ist, allen verständlich zu machen.

MONETEN, MÜTTER UND MALOCHE

Wir brauchen eigenes Geld. Geld bedeutet Freiheit, Unabhängigkeit vom Partner, der arbeitslos werden kann oder irgendwann vielleicht der Expartner ist. Geld zu haben heißt auch, es ausgeben zu können, wofür man will. Geld zu verdienen bedeutet, da draußen vor der Tür mitzuspielen, egal ob als Selbstständige, Angestellte oder Chefin eines Unternehmens. Für Feministinnen war das eigene Geld immer eine grundlegende Sache: Sie wollten nicht auf ein Haushalts- oder Taschengeld angewiesen sein, sondern selbst verdiente Euro, Mark, Dollar oder Pfund in der Tasche haben.

Doch in über der Hälfte der deutschen Familien bleibt die Frau zu Hause, solange die Kinder noch nicht in die Schule gehen. Der Mann verdient den Lebensunterhalt allein. Obwohl diese Arbeitsteilung gerade mal von sechs Prozent der Familien gewünscht wird, steuern deutsche Ehefrauen durchschnittlich lächerliche 18 Prozent zum Familieneinkommen bei. Zum Vergleich: In den USA sind es 35 Prozent. In einer idealen Welt teilen Männer und Frauen alles, auch das Geldverdienen – solange die Frauen nicht annähernd 50 Prozent des Geldes verdienen, können wir mit dem momentanen Zustand nicht zufrieden sein.

Es gibt viele, viele Bücher zum Thema »Frauen und Karriere«. Manche Autorinnen und Autoren sehen die Schuld bei den Unternehmen, deren Strukturen immer noch nachweisbar frauenfeindlich seien. Andere beschuldigen die Frauen, nicht genug für ein erfolgreiches Arbeitsleben zu tun. Doch nur viele Aspekte zusammengenommen führen zu zufriedenstellenden Antworten auf die Frage, warum es als Frau immer noch so schwer ist, gutes Geld zu verdienen: Die Unternehmen zeigen kaum Interesse an weiblichen Führungskräften. Der Staat fördert mit seiner Politik ein Familienmodell, das berufstätige Frauen kaum vorsieht. Viele Frauen selbst trauen sich keine Karrieren zu. Und Teile der Gesellschaft erwarten von Müttern immer noch, dass sie ihre Arbeitskraft voll und ganz dem Nachwuchs zur Verfügung stellen.

Um es gleich vorneweg gesagt zu haben: Frauen können alles, was Männer auch können. Wenn Frauen Unternehmen managen, sind sie oft richtig gut, sie haben sich hochgekämpft, mussten sich immer wieder beweisen. Männer kommen dagegen auch schon mal mit mittelmäßigen Leistungen in eine Führungsposition.

FRAUENFEINDLICHE UNTERNEHMENSKULTUR

Es ist erstaunlich, wie wenig sich deutsche Unternehmen um weibliche Kompetenz an den entscheidenden Stellen bemühen – denn vier von fünf Dingen, die über deutsche Ladentische gehen, werden von uns Frauen gekauft. Doch unter den fünfzig mächtigsten Frauen der Wirtschaftswelt, die das amerikanische Wirtschaftsmagazin *Fortune* im Oktober 2007 auflistete, ist nur eine einzige Deutsche: die Leiterin der staatlichen KfW-Förderbank, Ingrid Matthäus-Maier. Nur ein Vorstand der dreißig DAX-Unternehmen ist weiblich: Bettina von Oesterreich bei Hypo Real Estate. Im mittleren Management ist nur jede zehnte Führungskraft eine Frau. Soll heißen: In Deutschland können Frauen zwar arbeiten gehen, aber kaum Karriere machen, also in Positionen arbeiten, in denen sie wichtige Entscheidungen treffen, ganze Teams leiten und viel Geld verdienen.

Die Chefs sind männlich, die Personalplaner auch. Psychologisch sind Menschen so gestrickt, dass sie ihresgleichen am meisten vertrauen. Also fördern die vielen Männer in den Schlüsselpositionen am liebsten wieder Männer. Sie können sie leichter einschätzen, Frauen gelten eher als Unternehmensrisiko – weil sie eben vermeintlich anders ticken. Männer sehen in Männern immer noch vor allem die harten Entscheider; angeblich typisch weibliche Eigenschaften wie Teamfähigkeit oder Diplomatie wurden dagegen in einer Untersuchung der German Consulting Group aus dem Jahr 2005 von männlichen Führungskräften als nicht nützlich für ihr Unternehmen beurteilt. Dabei belegen Studien wie die der Universität Leeds immer wieder: Chefinnen sind – laut Statistik, die vereinzelte Erfahrungen mit kratzbürstigen weiblichen Vorgesetzten ausblendet – ein Traum: teamorientiert, inspirierend, kooperationsfähig.

Sind Mikrofone oder Notizblöcke in der Nähe, schwören Unternehmer, händeringend nach weiblichen Fach- und Führungskräften zu suchen. Sie geben sich offen für Frauen durch geschlechtsneutrale Ausschreibungen und indem sie wenigstens eine Frau noch mit in die letzte Bewerbungsrunde einladen. Immerhin gibt es ja auch das Allgemeine Gleichbehandlungsgesetz, das Arbeitgebern verbietet, Frauen zu benachteiligen. Doch hintenrum agiert das Old Boys Network, irgendein Chef hat stets einen jungen Spezl, der doch was für die Stelle wäre. Diskriminierung funktioniert heute subtiler als früher und ist deswegen nicht mehr direkt angreifbar und überhaupt sehr schwer nachzuweisen.

Ganz offensichtlich wird die Benachteiligung beim Unterschied zwischen Männer- und Frauengehältern: In Deutschland verdienen Frauen im Schnitt durch alle Branchen und

Ebenen 20 Prozent weniger als Männer – diese Differenz ist im europäischen Vergleich die größte. Wirklich unfassbar wird es, wenn das Durchschnittseinkommen einer ganzen Branche sinkt, weil der Frauenanteil steigt. Dieser Effekt wird in der Wissenschaft »Feminisierung« genannt. So verdienen Ärzte weniger, seitdem mehr Frauen als Ärztinnen arbeiten. Auch als immer mehr Frauen Sekretärinnen wurden, sank das Gehalt für den Beruf »Sekretär/in«, der zu Zeiten der Schreibstuben eine hoch dotierte Männerdomäne war. So, als wäre es in diesen Berufen plötzlich nicht mehr nötig, gute Gehälter zu zahlen, wenn sie sogar von Frauen ausgeübt werden können. Dieser Effekt ist ein Skandal, weil er sichtbar macht, dass es nicht um die Bezahlung von Leistung geht, sondern um die Bezahlung von Männern oder eben Frauen.

Frauen haben immer dann die besten Chancen und Gehälter, wenn sie ausschließlich nach Leistung bezahlt werden, wie es zum Beispiel oft in Unternehmensberatungen oder auch in der Finanzbranche üblich ist. Dort muss jeder seine Leistung nachweisen. Dieser Wettbewerb fördert die Frauen nicht nur in Bezug auf ihr Gehalt, sondern auch auf ihr Selbstbewusstsein: Sie müssen sich keine Gedanken um Geschlechterrollen machen, und sie sehen, dass sie genauso gut sind wie ihre männlichen Kollegen.

Neben mehr wirklichem Wettbewerb erwarten wir von deutschen Unternehmen, dass sie flexibler werden: Frauen müssten nach einer Geburt nur kurze Zeit aussetzen – wenn sie die Möglichkeit hätten, von zu Hause aus zu arbeiten. So ließe sich die Stillzeit mit der Arbeit vereinbaren, und Frauen würden nicht den Anschluss im Unternehmen verlieren.

Die sogenannte *face time*, also die Zeit, in der ein Mitarbeiter an seinem Büroschreibtisch arbeitet, wird in Deutschland leider überschätzt. Das führt dazu, dass Bosse bei Beförderungen danach entscheiden, wer die meiste Zeit am Arbeitsplatz verbringt – und Frauen ungerechtfertigt benachteiligen; weil die sich seltener am »Ich bin vor dem Chef da und gehe nach ihm«-Spielchen beteiligen – vielleicht, weil sie dazu erzogen sind, gut organisiert und effektiv zu arbeiten? – und sich, sobald sie Familie haben, auch gar nicht beteiligen können. Dabei ist es bereits allgemein bekannt, dass flexible Arbeit die Produktivität steigert, weil die Beschäftigten motivierter sind und besser arbeiten. Beispielsweise spart die British Telecom, die seit den Achtzigern flexible Arbeitsmodelle bietet, nicht nur jedes Jahr 10 Millionen Pfund für Kraftstoff, auch steigen 99 von 100 weiblichen Angestellten nach einer Schwangerschaft wieder ins Unternehmen ein. Eine Traumquote – in Deutschland kehrt nur die Hälfte aller Frauen nach einer Geburt in den Job zurück.

Vor allem große, global gemanagte Firmen bieten ihren Angestellten die beste sogenannte Work-Life-Balance, also ein individuelles, ausgewogenes Verhältnis zwischen Privat- und Arbeitsleben. Das liegt möglicherweise daran, dass es dort das Argument »Das wurde schon immer so gemacht« nicht gibt. Die Dinge werden in verschiedenen Ländern unterschiedlich gehandhabt, und im Idealfall verknüpft die Konzernleitung die besten Ansätze aus jedem Kulturkreis miteinander. Das kann extrem frauenfördernd wirken, vor allem, wenn sich zusätzlich die Konzernleitung für das Thema Frauenförderung einsetzt. Ist die Frauenförderung nur ein Lippenbekenntnis oder ein launiger Absatz in den Unternehmensrichtlinien, bleibt auf den einzelnen Managementebenen nicht viel übrig vom Umdenken. Wer sagt, er hätte ja gern weibliche Führungskräfte, der muss auch Frauen einstellen und sie auf jeder Karrierestufe fördern. Ansonsten steht am Ende wieder keine Frau zur Wahl für den Vorstandsvorsitz.

QUOTEN SIND SINNVOLL

Die Frauenquote, als Erstes 1979 von den Grünen eingeführt, ist immer noch ein sehr gutes Instrument. Erst, wenn genug Frauen in allen Positionen einer Firma auftauchen, ändern sich Unternehmenskulturen – die Arbeitsbedingungen, die Kommunikation, die Chancen für Frauen und die Einstellung der Männer im Unternehmen. Eine Quotenregelung hat nichts mit Bevorzugung zu tun. Es ist ein alter Irrglaube, dass eine Quote bedeute, eine Frau würde nur aufgrund ihres Geschlechts und ungeachtet ihrer Eignung auf eine Stelle gehievt. Quotenregelungen sollen garantieren, dass bei zwei Kandidaten mit gleicher Qualifikation so lange eine Frau die Stelle bekommt, bis die Hälfte aller Stellen von Frauen besetzt ist. Das mag manchen unfair erscheinen. Das ist es aber nicht. Ohne Quote kriegt fast jedes Mal ein Mann die Stelle, durch alte, gut geölte Automatismen. Das ist unfair.

Quoten wären heute vor allem deshalb wieder sinnvoll, weil alle Beteuerungen und freiwilligen Vereinbarungen offenbar nicht viel bringen. 2001 beschlossen die rot-grüne Regierung und die Spitzenverbände der freien Wirtschaft, die Chancengleichheit von Männern und Frauen zu fördern. Freiwillig. Bis heute hat sich allerdings kaum etwas geändert, der Frauenanteil in den Unternehmen ist weder gestiegen, noch haben mehr Frauen Posten in den Konzernleitungen übernommen. Im Gegenteil, der Anteil von Müttern in Leitungsfunktionen ging in den letzten Jahren sogar zurück, resümierte Mitte 2007 das Institut für Arbeitsmarkt und Berufsforschung. 2006 ließen die deutschen Universitäten anlässlich der Exzellenzinitiative ihre Bildungs- und Lehrkonzepte von externen Experten bewerten. Die fragten anschließend: »Was ist eigentlich bei euch los? Wieso sind so wenige Frauen in Spitzenpositionen?« Peinlich.

Vor allem müssen wir uns selbst wieder zur Quote bekennen. Frauen lehnen sie oft mit einer Empörung ab, als würde man ihnen nur dann einen Job geben, wenn sie eine Maus bei lebendigem Leibe verspeisen. Sie fürchten, jemand wolle sie nur aus einem Grund fördern: weil sie Frauen sind und nicht, weil sie was können. Im Wort »Quote« schwingt für sie Gönnerhaftigkeit mit. Frauen sollten es aber aushalten können, auch mal als »Quotenfrau« verunglimpft zu werden. Angebrachter als Scham wäre hier etwas Stolz, in einem modernen Unternehmen zu arbeiten. Außerdem bringt niemand mehr den »Quotenfrau!«-Vorwurf, sobald Frauen zeigen, was sie auf dem Kasten haben.

In der Politik haben Quoten dazu geführt, dass heute fast ein Drittel der Bundestagsabgeordneten Frauen sind. Sogar die Kanzlerin bekennt sich zur quotengeregelten Förderung von Frauen: Am Weltfrauentag 2007 sagte Angela Merkel, sie habe gelernt, dass ohne eine Quotierung nicht 14 von 25 Mitgliedern des CDU-Bundesvorstands Frauen wären. Ihre Regierungskollegin und Gesundheitsministerin Ulla Schmidt ergänzte, ohne eine Quote wäre sie überhaupt nicht in der Politik.

In der freien Wirtschaft ist unser Land von einem Drittel Frauenanteil im Management noch Lichtjahre entfernt. Die Politik sollte sich deshalb nicht scheuen, verbindliche Quoten für alle einzuführen und zum Beispiel Geldstrafen anzudrohen für den Fall, dass sie nicht umgesetzt werden. Sieben Jahre Selbstverpflichtung ohne nennenswerte Verbesserungen würden diesen Schritt vollauf rechtfertigen.

Doch bisher hält sich der deutsche Staat noch höflich aus der Frauenförderung heraus. Klar, Artikel 3 des Grundgesetzes verspricht die Gleichberechtigung von Frauen und Männern. Und es gibt auch gut gemeinte Angebote wie *frauenmachenkarriere.de* vom Bundesministerium für Familie, Senioren, Frauen und Jugend. Aber die Politik ignoriert immerhin seit 1993 eine Vorgabe der Verfassungsrichter, laut der sie dafür sorgen soll, Beruf und Familie parallel zu ermöglichen.

Stattdessen fördern Steuer- und sozialstaatliche Regelungen immer noch vor allem Hausfrauen und machen berufstätigen Müttern das Leben schwer. So gibt es keinen gesetzlichen Anspruch auf Betreuung eines Kindes ab den ersten Lebensmonaten, also im Zweifelsfall keinen Krippenplatz für das Kind. Rein statistisch gesehen steht zwar für neun von zehn Kindern ab drei Jahren ein Kindergartenplatz zur Verfügung, doch nur für drei Prozent der unter Dreijährigen ein Krippenplatz. Und die Öffnungszeiten der meisten Krippen und Kindergärten sind ein Witz: vier Stunden am Vormittag und zwei am Nachmittag. Sie sind mit einem Vollzeitjob beider Eltern nicht kompatibel.

Auch ein wichtiger Punkt: Die gesetzlich geschützte Elternzeit von maximal drei Jahren führt dazu, dass Unternehmen nur wenig Ambitionen haben, Frauen einzustellen – die womöglich wirklich drei Jahre aussetzen und deren Arbeitsplatz während dieser Zeit freigehalten werden muss. Nicht gerade verlockend für einen Arbeitgeber. Hinzu kommen Steuerregelungen wie das Ehegattensplitting, das es verheirateten Paaren ermöglicht, ihre Einkommen zusammenzulegen und durch zwei teilen zu lassen, bevor es versteuert wird. Der finanzielle Vorteil ist dann am größten, wenn einer der Partner kein Einkommen bezieht – was meistens die Frau ist. Darüber hinaus gibt es für Hausfrauen die Möglichkeit, sich bei ihrem Ehemann mitversichern zu lassen. Ein Ehepaar ist steuerlich also dann am schlechtesten gestellt, wenn beide berufstätig sind und ungefähr gleich viel verdienen. Widerspricht das nicht der Logik von Gleichberechtigung von Mann und Frau? Ja. Das tut es. Frauen und Männer werden in Deutschland finanziell dafür bestraft, dass sie eine gleichberechtigte Beziehung führen.

GEFANGEN IN MUTTERMYTHOS

Von Vater Staat kommt also wenig Unterstützung, von Mutter Gesellschaft aber auch nicht viel mehr. Die denkt nämlich immer noch, Kinder und anspruchsvolle Vollzeitjobs würden nicht zusammenpassen, Frauen gehörten zu den Kindern, nach Hause. Aber die »Rabenmütter!«-Keule gegen berufstätige Mütter ist durch nichts legitimiert. Ihre Kinder sind weder schlechter in der Schule noch sozial auffälliger als mutterbetreute Kinder. Trotzdem wird arbeitenden Müttern genau damit immer noch ein schlechtes Gewissen gemacht.

Die berufstätige Mutter taucht als Role Model nicht auf – außer in der Superweib-Frauenliteratur, wo sie zur unrealistischen Alleskönnerin stilisiert wird, die sowieso alles mit links macht. Aber in der Werbung beispielsweise gilt ihr Leben als Kompromiss, mit dem sich nichts verkaufen lässt, sagte der Werber Dirk Evenson von Scholz & Friends dem *Spiegel*. Eine Frau, die wie der alleinerziehende Melitta-Mann in die chaotische Wohnung heimkehrt, wäre sofort als schlechte Hausfrau und Mutter diskreditiert.

Viele Frauen gehen hart mit sich ins Gericht, wenn sie mit der honigsüßen Frage konfrontiert werden: »Ist das wirklich so gut für die Kinder, wenn du schon wieder voll arbeiten gehst? Schaffst du das denn alles?« Anstatt die ewigen Nörgler in die Schranken zu weisen oder wenigstens zu ignorieren, bleiben sie zu Hause oder steigen auf Teilzeitjobs um. Doch Teilzeitarbeit hat kein Prestige, auf einer Halbtagsstelle lässt sich in den meisten Unternehmensstrukturen nicht Karriere machen. Darüber hinaus ist sie in der Regel schlecht bezahlt. Frauen verdienen in Teilzeitjobs sogar 40 Prozent weniger als Männer in Teilzeitjobs, was den Gehaltsunterschieden zwischen den Geschlechtern von vor dreißig Jahren entspricht. Trotz – oder vielleicht sogar wegen – all dieser offensichtlichen Nachteile einer halben Stelle: 96 Prozent aller Teilzeitarbeiter sind Frauen.

Wie sehr die Karrieremöglichkeiten von Müttern tatsächlich vom gesellschaftlichen Umfeld abhängen, in dem sie leben, zeigt ein Vergleich von Ost und West: In den neuen Bundesländern, wo es zu DDR-Zeiten normal war, Mutter und berufstätig zu sein, arbeitet die Hälfte der Frauen mit Kindern Vollzeit. In Westdeutschland ist es gerade mal jede Fünfte. Die eigene Mutter ist dabei der am stärksten auf weibliche Erwerbsbiografien wirkende Faktor: Von den Frauen in Deutschland, die über 100 000 Euro im Jahr verdienen, haben 43 Prozent eine Mutter, die ebenfalls im Beruf erfolgreich war, fand die Hamburger BWL-Professorin Sonja Bischoff heraus. Nur 14 Prozent dieser Frauen haben eine Hausfrau als Mutter. Wenn die eigene Mutter Kinder und Karriere vereinen konnte, trauen sich Töchter recht selbstverständlich zu, das auch zu schaffen – und können den gesellschaftlichen Status quo leichter ignorieren. Denn sie haben möglicherweise die Erfahrung gemacht, dass die Kindheit mit einer erwerbstätigen Mutter sehr schön sein kann, dass Kinder keine Mutter brauchen, die rund um die Uhr bei Fuß steht.

Die meisten Frauen haben keine solche Mutter. Ein paar Jahre im Ausland können aber genauso hilfreich sein, legt ein Blick auf den Werdegang von Karrieremüttern nahe. Wer andere Kulturen kennenlernt – und damit auch andere Mutter-Kulturen –, entwickelt eine gesunde Distanz zum deutschen Muttermythos. Denn: Die Kinder der französischen Kolleginnen können nicht alle verkorkst sein – also sind es wohl das Rabenmutter-Totschlagargument der Deutschen oder auch ihre demografischen Schuldzuweisungen an die Frauen, die verkorkst sind. Dass berufstätige Frauen nicht schuld an einem angeblichen demografischen Knick sind, beweist zum Beispiel Island: Der kleine Staat hat die höchste Geburtenrate Westeuropas – und gleichzeitig mit 90 Prozent die höchste Frauenerwerbsquote. Offenbar ist Island so modern, dass Politik und Gesellschaft den Müttern ermöglichen, berufstätig zu sein. In den USA und in Frankreich wird eine Vereinbarkeitsdebatte überhaupt nicht geführt, Frauen bleiben dort auch dann noch ökonomische, politische und erotische Wesen, wenn sie Kinder bekommen haben. Sie verschwinden nicht in einer Mutter-Kind-Symbiose made in Germany.

MEHR MUT, MEHR EHRGEIZ

Doch genau in diesem Punkt basteln wir uns Jobfalle Nummer eins höchstpersönlich: Wie viele Frauen beenden ihr Erwerbsleben mit der Geburt des ersten Kindes fast schon erleichtert. Ist es nicht toll, als Mutter so ganz und gar unersetzlich zu sein? Ein Gefühl, das im Job nicht oft aufkommt. Endlich hat der Druck ein Ende, der in der Arbeitswelt auf uns lastet! Sie verkaufen ihren Entschluss sich selbst und anderen als ein Statement gegen »die kalte Welt da draußen«. Diese Entscheidung sei jeder von ihnen freigestellt. Wünscht sich eine Frau tatsächlich und aus freien Stücken, rund um die Uhr bei ihrem Kind oder ihren Kindern zu sein, dann soll sie das natürlich dürfen. Das eigentliche Problem sind die vielen Mütter, die zu Hause bleiben, sich aber einen Alltag fern von Windeln, Kochtöpfen und Waschmaschine wünschen. Viele Frauen trauen sich nicht zu sagen, was sie wirklich wollen – auch weil sie davon ausgehen, dass von ihnen erwartet wird, sich ausschließlich um den Nachwuchs zu kümmern. Sie verstummen in voraus eilendem Gehorsam.

Wie viel interessanter und anspruchsvoller wäre es dagegen, über den eigenen Schatten zu springen: zuzugeben, dass auch wir ehrgeizig sind, dass wir im Mittelpunkt stehen und unsere Interessen durchboxen können. Oder zu lernen, dass Wettbewerb Spaß macht und es sich gut anfühlt zu gewinnen. All das wurde uns als Mädchen nie beigebracht. Aber wir sind keine Mädchen mehr, sondern erwachsene Frauen. Wir sind keine rein emotionalen Geschöpfe, als die Frauen immer noch gern gesehen werden, sondern können ebenso rational entscheiden – wie die Männer.

Das Vorurteil, wir seien zu emotional für die rationale Arbeitswelt, nähren wir auch selbst, indem wir den ganzen Tag Schuldgefühle mit uns herumtragen. Dabei gibt es keinen Grund, sich schuldig zu fühlen, vor allem nicht am Arbeitsplatz. Entscheidungen müssen getroffen werden, so ist das Leben, und wenn wir uns für A oder B entschieden haben, müssen wir mit dieser Entscheidung leben. Die Kinder verbringen ihren Tag im Kindergarten? Keine Sorge, sie haben Spaß dort. Die unangenehmen Fleißarbeiten muss dieses Mal der Kollege machen? Sehr gut, wir Frauen erledigen sowieso viel zu oft den Mist, auf den sonst niemand Lust hat, nur der Harmonie wegen. Keine Schuldgefühle, weil der Kollege morgens vor uns da ist und auch am Abend eine Stunde länger bleibt! Ist die eigene Arbeit nach acht Stunden erledigt: perfekt! Die Sitzung muss wegen eines Elternabends ohne uns stattfinden? Dann geht es leider nicht anders. Ein elternkompatibler Termin wäre angebracht, Schuldgefühle nicht. Auch wenn der Partner am Vorabend mal wieder gemault hat, die Wohnung sei ein Saustall: So what?! Dann soll er seinen Arsch bewegen und aufräumen.

AUF DEM SPIELFELD

Wenn wir unsere Ängste, Zweifel und den Schweinehund überwinden, können wir neben einer Familie auch Erfolg im Beruf haben – weil wir, anstatt unsere Zeit mit Entschuldigungen zu verplempern, uns damit beschäftigen können, wie die Berufswelt, die immer noch eine Männerwelt ist, eigentlich wirklich funktioniert.

Die Kommunikationstrainerin Marion Knaths untersucht in ihrem Buch »Spiele mit der Macht« die Spielregeln dieser Männerwelt. Ihre Erkenntnisse stiften Frauen zum Nachmachen an: Männer sprechen in einer Runde den Chef an. Männer nehmen sich mit Gesten Raum. Männer lassen sich nicht unterbrechen, unterbrechen aber gern Rangniedrigere. Männer verfallen nicht in einen Lächelreflex, wenn Konflikte auftreten, dadurch werden sie ernster genommen. Männer versuchen, Aufgaben zu meiden, die nicht prestigeträchtig sind. Männer sagen sofort zu, wenn ihnen ein toller Job angeboten wird, und überlegen nicht erst lange, ob sie der neuen Aufgabe auch gewachsen sind. Und so weiter und so fort. Das alles ist verallgemeinert und sicher auch überspitzt dargestellt, und Männer machen einen Großteil dieser Dinge nicht bewusst, sondern ganz automatisch. Doch Frauen können die Spielregeln erlernen und so ihrer Karriere auf die Sprünge helfen.

Meistens ist Erfolg eine Frage der Kommunikation, des Mutes und der Durchsetzungskraft. Ein guter Anfang wäre, in die nächste Gehaltsverhandlung zu gehen mit dem Vorsatz: »Diese Verhandlung führe ich für den Feminismus. Ich will genauso viel Geld wie die männlichen Kollegen!« Manchmal bleibt aber auch nur die Kündigung. Wenn man monatelang nicht mehr mit einem Lächeln zur Arbeit gegangen ist. Wenn man nicht zeigen kann, was man draufhat. Dann gilt auch nicht mehr die typisch weibliche Ausrede: »Aber alle hier schätzen und mögen mich ...« Frauen bleiben zu oft in Jobs, die sie nicht weiterbringen, nur weil sie es dort so nett finden. Wir bringen da gern mal was durcheinander: Der Beruf ist dafür da, Geld zu verdienen und eigene Ideen zu verwirklichen. Nicht, um geliebt zu werden!

Wir verbringen einen so großen Teil unseres Lebens mit Arbeit, da sind Inhalte und Spaß wichtig. Liebe gibt es zu Hause.

Wenn es in einem Unternehmen einfach nicht mehr weitergeht, aber auch nach einer Babypause, machen sich Frauen oft selbstständig, Tendenz steigend. Zwischen 1990 und 2004 stieg die Zahl der weiblichen Existenzgründer um 30 Prozent, die der Männer nur um 17 Prozent. Heute wird schon jedes dritte Unternehmen von einer Frau gegründet. Frauen scheinen besonders die Freiheit zu schätzen, Herrin über ihren Tagesablauf zu sein, vor allem wenn sie Kinder haben. Führungstätigkeiten und Kinder schließen sich nicht zwangsläufig aus – weil wir selbstständig planen und koordinieren können.

NETZWERKE BILDEN

Aber egal ob angestellt oder selbstständig, etwas Wertvolleres gibt es kaum: Verbündete. Kolleginnen und Kollegen, mit denen wir ganz offen über das Gehalt und über berufliche Fragen und Probleme sprechen können. Nichts wirkt so stärkend wie ein funktionierendes Netzwerk. Nur dass »Frauen-Netzwerke« – »Wie das schon klingt, wie ein Häkelzirkel!«, mag da jetzt jemand stöhnen – etwas von vorgestern zu sein scheinen.

Für die Frauenbewegung der siebziger Jahre verband sich das Netzwerken mit großen Hoffnungen: Wenn Frauen im Berufsleben Netzwerke bildeten, würde das zu einer familienfreundlicheren und »weiblicheren«, also irgendwie auch besseren Arbeitswelt führen. Wir sehen den Drang zum Netzwerken an Alice Schwarzer heute noch: Sie lädt ein bis zwei Mal im Jahr nicht nur die Kanzlerin und Ministerinnen, sondern auch einflussreiche Journalistinnen in ihre Berliner Wohnung zu einem informellen Treffen. Deutschlands Feministin Nummer eins nutzt die Kontaktpflege, um gesellschaftlichen Einfluss zu gewinnen – sie hat die Machtkomponente des Vernetzens erkannt.

Doch dass es ihr alle Frauen gleichtun würden, war eine Illusion. Zwar gibt es allerorts Zirkel, in denen Frauen über berufliche Probleme und Hindernisse sprechen. Aber oft fehlen ihnen ein Machtanspruch und die Vernetzung in die Vertikale. Denn nur wenn Frauen sich mit anderen mächtigen Frauen oder einflussreichen Männern verbünden, haben sie die Chance, eine oder mehr Ebenen nach oben zu klettern. Doch statt zu erkennen, welche Synergieeffekte die Kontaktpflege bietet, denken viele Frauen beim Wort »Netzwerk« eher an »Opfertreff« und verwechseln Individualität mit Einzelkämpfertum und meinen, sie könnten alles allein schaffen; und sowieso sei doch heute alles möglich, wir sind doch gleichberechtigt. Gelingt etwas nicht, halten sie das für ihr ganz persönliches Versagen.

Dabei lassen sich im Gespräch mit Kolleginnen und Kollegen strukturelle Benachteiligungen oder Probleme schnell erkennen und sind dann nicht mehr so leicht als individuelles Scheitern abzutun. Netzwerke haben also eine feministische Komponente, aber auch eine berufsstrategische, wenn Frauen sich gegenseitig auf offene Stellen hinweisen oder Tipps geben, wie ein Projekt zu finanzieren ist.

Es ist eine unbezahlbare Erfahrung für Frauen, wenn sie sich auf andere Frauen verlassen können und ihren Einfluss auch dafür nutzen, andere Frauen zu fördern. So müssen sich Frauen nicht mehr automatisch an die Männer wenden, um im Beruf voranzukommen. Ein natürlicher Reflex: Sind sie doch in den meisten Fällen diejenigen mit der Macht und entscheiden sie doch darüber, wem sie etwas von dieser Macht abgeben. Oftmals vermuten Frauen bei anderen Frauen keine Aufstiegshilfe und lassen sich deshalb gegenseitig einfach links liegen. Im besten Fall. Im schlechtesten Fall sind sie »stutenbissig«, ätzen ihre Kolleginnen an, reden schlecht über sie oder sabotieren gezielt deren Arbeit.

Lernen wir lieber, Hilfe von Frauen anzunehmen, einzufordern und selbst zu helfen. Wie oft wird über weibliche Solidarität gesprochen, wie wenig dann aber im Berufsleben davon wirklich gelebt. Dabei ist es ganz einfach. Lady Barbara Judge, Chairman der britischen Atomenergiebehörde, machte einen Vorschlag, wie das aussehen könnte: »Ich achte besonders darauf, dass ich Frauen mit Potenzial unterstütze. Jedes Mal, wenn ich einer Frau helfe, sage ich ihr: ›Du musst nichts für mich tun. Hilf einfach einer anderen Frau.‹« Eine sehr gute Idee.

PARTIZIPATION:
EINE FRAGE DER EHRE

Ein Traum: Wir sagen morgen alle unseren Chefs, Männern und Freunden, unseren Müttern, Kolleginnen und Freundinnen: »Ich bin Feministin, und ich möchte mein Leben genauso selbstbestimmt leben, wie jeder Mann es tut.« Tosender Applaus brandet auf, die Macho-Strukturen in unserem Land kollabieren vor Ehrfurcht, der Himmel reißt auf und gibt den Blick frei auf eine gleichberechtigte, strahlende Zukunft. Ach, ein guter Traum.

So funktioniert das aber leider nicht. Im Gegenteil. Wir werden einen langen Atem und gute Stimmbänder brauchen, werden immer und immer wieder streiten, diskutieren, fordern, erklären und verhandeln müssen. Wir werden damit anderen auf die Nerven gehen. Und wir werden selbst oft genervt sein. Trotzdem müssen wir optimistisch bleiben, wenn wir etwas erreichen wollen. Sicher werden wir in regelmäßigen Abständen Niederlagen erleben und uns in Selbstzweifel stürzen. Aber: Wir dürfen nicht aufgeben. Wir müssen sagen, was wir wollen. Laut und deutlich.

Nun werden wir als Mädchen immer noch dazu erzogen, nett zu sein. Wir sollen lächeln. Wir möchten gefallen. Aber seien wir doch einfach mal unbequem, auch wenn das von uns gar nicht erwartet wird. Wir sollten dem Typen, der unsere Freundin ungefragt anfasst, die Meinung sagen. Wir sollten uns mit den Großtanten streiten, wenn sie bemängeln, wir würden uns »für ein Mädchen unangemessen« verhalten. Wir sollten uns bei Politikern beschweren, wenn deren Beschlüsse unser Leben schlechter machen. Die Menschen und Dinge werden sich nämlich nicht ändern, wenn wir sie nicht zwingen. Still und höflich zu bleiben, gilt vielleicht als »feminin«, hat aber in der Geschichte der Menschheit noch nie zu Fortschritten geführt. Weder im privaten noch im öffentlichen Leben.

Es ist Quatsch, sich einen Streit mit dem Liebsten über den Haushalt wieder einmal zu verkneifen. Irgendwann muss er kapieren, dass wir nicht zur Haushälterin geboren wurden. Halten wir den Mund aus Angst, dass er uns verlassen könnte? Und wenn schon, dann war er eben nicht der Richtige. Wenn sich keine Frau mehr häusliche Macho-Allüren gefallen lässt, wird der Typ keine mehr finden, die ihm die dreckigen Socken hinterherträgt, und er wird sie selbst wegräumen müssen. Jede einzelne Entscheidung gegen Machismus und Sexismus kann im Ganzen etwas erreichen.

Auch im Beruf hat es keinen Sinn, allen Konflikten aus dem Weg zu gehen. Wir sollten hart über eine Gehaltserhöhung verhandeln, auch wenn wir Angst haben, dass der Chef das als unangemessen empfinden könnte. Diese Angst ist so falsch! Wer sie überwindet, ist meistens selbst überrascht, wie leicht man über Geld sprechen kann. Und dass sich der eine oder andere Chef zu einem richtig guten Gehalt überzeugen lässt. Und hier geht es keineswegs nur um Geld, sondern auch um Anerkennung und wieder: um Teilhabe im Unternehmen. Wenn wir Anerkennung wollen, sei es in Form von Geld, einer Beförderung, eines Lobes, dann müssen wir sie auch einfordern. Das ist anstrengend. Aber es muss sein.

PARTIZIPATION IST BÜRGERINNENPFLICHT

Leider übernimmt oft die Bequemlichkeit sehr leise und sehr schnell das Kommando. Dann lassen wir uns allerlei unsinnige Ausreden durchgehen, warum sowieso nichts zu ändern sei: von »das ist eben so« über »ich kann mich halt nicht durchsetzen« bis »ist doch eh nicht so wichtig«. Nach einer, zwei, drei Niederlagen im Kampf um die Verwirklichung unserer Wünsche ist es zwar nachvollziehbar, wenn wieder eine von uns aufgeben will. Aber richtig ist es deswegen noch lange nicht. Wie lange hat es gedauert, bis sich der Umweltschutz durchgesetzt hat? Eben. Große Dinge passieren nicht von heute auf morgen. Was da am wichtigsten ist: nach dem Hinfallen wieder aufstehen, weitermachen. Partizipation ist keine Sache von ein paar Tagen oder einzelnen Versuchen. Partizipation ist ein Zustand, etwas, das unser Leben begleiten sollte. Erst die Teilnahme am öffentlichen Leben macht uns Menschen zu Bürgern. Also, warum nicht einer Menschenrechtsorganisation beitreten, sich im Betriebsrat engagieren oder in der Studentenvertretung.

Der Staat prägt durch Gesetze, Steuern und Normen unser gesellschaftliches Miteinander – aber auch unser Privatleben. Beispiele? Finden sich auf den vorhergehenden Seiten: Abtreibung, Frauenquoten, Ehegattensplitting. Gefällt es einer Frau nicht, wie eines oder mehrere dieser Themen in Deutschland geregelt sind, sollte sie etwas dagegen unternehmen, Lobbyarbeit betreiben. So wie die Männer es auch tun. Der Staat, das sind wir!

Natürlich kann und muss nicht jede Frau eine Aktivistin sein und Woche für Woche demonstrieren gehen oder Petitionen schreiben. Doch schon bei der einfachsten Form der Partizipation mangelt es vielen Frauen an politischem Sinn: beim Wählen. Sie gehen seltener wählen als junge

Männer oder ältere Menschen. Gerade mal 67 Prozent der 21- bis 24-jährigen Frauen gaben 2005 bei der Bundestagswahl ihre Stimme ab. Die allgemeine Wahlbeteiligung lag dagegen bei 78 Prozent. Vielleicht haben junge Frauen das Gefühl, von der Politik nicht repräsentiert zu werden. Damit mögen sie richtig liegen, aber es ist keine Entschuldigung dafür, ihr grundlegendes Bürgerrecht nicht wahrzunehmen. So verschenken sie sogar die allerkleinste Chance, das politische Leben in diesem Land zu beeinflussen. Imperative sollten eigentlich in diesem Buch nicht vorkommen, aber an dieser einen Stelle geht es nicht anders: Geht wählen!

Es ist keine Lösung, sich in die eigenen vier Wände zurückzuziehen, weil in der großen, kalten Welt angeblich nichts auszurichten ist. Auch wenn uns konservative Menschen einreden wollen, es sei das Glück jeder Frau, ein heimeliges Zuhause zu schaffen – wie soll ein staubfreies Bad oder ein perfekt aufgeschütteltes Sofakissen die Welt besser oder interessanter machen? Das ergibt keinen Sinn.

NEUGIERIG BLEIBEN

Niemand kann uns daran hindern, die Gesellschaft mitzugestalten. Wir hindern uns vor allem selbst daran. Wie oft verschwenden wir unsere Zeit mit unwichtigeren Dingen: Wir stehen stundenlang vorm Spiegel, um sicherzugehen, dass wir schön aussehen. Uns ist die Kaffeerunde mit den Freundinnen wichtiger als der Kneipenabend mit den Kollegen. Wir schreiben im Internet lieber über unseren emotionalen Haushalt als über den Zustand der Welt. Wir streiten darüber, ob der Beruf oder die Familie der Lebensmittelpunkt einer Frau sein soll – und sind mittlerweile alle extrem frustriert, weil wir weder für die eine noch die andere Art zu leben Anerkennung finden.

Dabei ist wenig so falsch wie die Annahme, Frauen könnten nur entweder Hausfrau und Mutter sein oder Karriere machen. Ständig müssen wir uns zwischen diesen beiden Möglichkeiten entscheiden. Alles dazwischen wird als Kompromiss diskreditiert und gibt uns ein schlechtes Gefühl, obwohl viele Frauen in solchen Zwischenzuständen leben. Wer sagt denn, dass wir nicht alles haben können, angefangen mit einer eigenen Meinung? Eine Karriere mit vielen Stunden im Büro muss uns nicht zwangsläufig zur egozentrischen Streberin machen, ein Leben zu Hause bei den Kindern nicht zur gehirnamputierten Dutzi-Dutzi-Dienstleisterin. Wir wollen und können trotzdem mitreden und mitbestimmen. Wir könnten regelmäßig Zeitung lesen, um immer auf dem Laufenden zu sein. Wir könnten uns in den Bezirksrat wählen lassen, ein Plakat malen und demonstrieren gehen oder uns für Gender Studies einschreiben.

Mädchen und Frauen interessieren sich eben mehr für Familie, Kosmetik, Celebritys? Ein dummes Vorurteil, von der Konsumindustrie erfunden und stetig genährt. Es gibt keinen Automatismus, der die Interessen nach Geschlecht regelt. Es gibt kein Gen, das uns zur alleinigen Hüterin der heiligen Kinder macht. Wie die Moderatorin Charlotte Roche in einer Talkshow sagte: »Abgesehen von Gebären, Zeugen und Stillen können Mann und Frau alles gleich gut.« Nicht umsonst gibt es kein Abitur und kein Diplom für umfassendes Wissen über Lidschatten oder einen Master für gute Kochkünste. Wir machen unsere Abschlüsse in Geschichte, Politik, Jura, Biologie, Mathematik. Und wir machen die besseren Abschlüsse als die Jungs und Männer – beim Abitur und an der Uni. Eigentlich müssten wir doch einsehen, dass all das Gelernte mehr als verplempert ist, wenn wir später nichts weiter wollen als eine kleine Familie, hübsch lackierte Fingernägel und unsere Ruhe. Wir müssen uns befreien aus der Beschränktheit angeblicher Frauenthemen. Wir können uns nicht reduzieren lassen auf das Gefühlige oder auf das Thema Familie.

Francis Bacon kam vor mehr als fünfhundert Jahren zu der Erkenntnis: »Wissen ist Macht.« Er sagte nicht: »Wissen ist für Männer Macht.« Wir jungen Frauen können auch mächtig sein, wir müssen unser Wissen nur anwenden. Auch wenn wir in Kindertagen genervt die Augen verdrehten, als unsere Eltern uns mit Bacons Spruch dazu bringen wollten, die Hausaufgaben zu machen: Francis Bacon und unsere Eltern hatten recht. Für die Gestaltung unserer Zukunft sind diese drei Worte der Schlüssel. Wissen heißt: Antworten auf Fragen, Probleme und Vorwürfe, die uns momentan auf die Nerven gehen. Zum Beispiel: Ältere Damen und Herren bezichtigen uns eines Gebärstreiks und meinen, wir sollten gefälligst Kinder kriegen. Haben die Herrschaften vielleicht recht, und wir sind zu hedonistisch? Verdammt, natürlich nicht. Oder: Warum hat der Chef schon den vierten Kollegen und wieder keine Frau befördert? Sind Männer vielleicht wirklich besser? Quatsch.

Wenn wir wissen, welche Mechanismen in der Demografiedebatte anspringen oder welche psychologische Ursache es hat, dass Männer am liebsten Männer befördern, dann sind wir leichter in der Lage zu sagen: »Ihr habt unrecht.« Dann können wir mit anderen streiten, können herausfinden, ob die Meinung in der Zeitung die unsere ist, können überlegen, was genau wir anders haben wollen. Nur wenn wir genug wissen, können wir auch mitspielen da draußen vor der Haustür. Was aber auch nicht heißen soll, dass wir erst mal zwei Jahre studieren müssen, um mitreden zu können. Im Zweifelsfall dürfen wir auch mit Halbwissen zurückschießen, wenn uns jemand mit Halbwissen angreift.

FÜR EIN SCHÖNERES LEBEN

Manchmal hören wir jemanden stöhnen: »Das will ich gar nicht wissen.« Weil das Wissen um Ungerechtigkeit das Leben ein bisschen unbequemer macht? Okay, geschenkt; dafür gibt es ihm aber auch einen Sinn: Nichts ist befriedigender, als das eigene Handeln vom gesunden Menschenverstand diktieren zu lassen. Und der befiehlt uns nicht nur, ökologisch verträgliche Produkte zu kaufen oder auf unsere Mitmenschen Rücksicht zu nehmen, sondern auch, dafür zu streiten, dass Mädchen so frei wie Jungs, Frauen so frei wie Männer leben können.

In fast jeder Werbung geht es um »Freiheit«. Uns Frauen soll es speziell freier machen, wenn wir eine bestimmte Tamponsorte benutzen, wenn wir zu fettreduzierten Lebensmitteln greifen, wenn wir in der neuesten Frauenzeitschrift nachlesen, wie wir unseren Traumtypen finden. So sollen wir dazu animiert werden, schöne und teure Dinge zu kaufen. Doch wie der Schriftsteller Tom Hodgkinson in seinem Buch »Die Kunst, frei zu sein« schreibt: »Nichts macht so frei, wie etwas selbst zu produzieren, anstatt immer nur zu konsumieren.« Dafür müssen wir noch nicht mal eine Säge, einen Spaten oder eine Nähmaschine anfassen, auch wenn das sehr empfehlenswert, weil ein großer Spaß ist. Wir brauchen erst einmal nur unseren Kopf. Denn Sinn ist das beste Produkt, das wir in unserem Leben selbst herstellen können. Wir brauchen keine Firmen dafür, politisch zu denken, sozial zu handeln, für Gerechtigkeit zu streiten.

Stattdessen könnten wir zum Beispiel unsere Gedanken über den Zustand der Welt im Internet veröffentlichen. In Blogs wie *feministing.com* oder *f-word.co.uk* passieren spannende Dinge: Junge feministische Frauen vernetzen sich, schreiben scharfsinnige Texte, planen Aktionen und feiern nebenbei, offline, auch ein paar coole Partys. Sie sind

Feministinnen, und sie beziehen öffentlich Stellung. Sie machen Politik, auf ihre Art.

Wir werden als soziale Menschen geboren. Dazu gehört, dass wir auch eine Vorstellung davon haben, in was für einer Gesellschaft wir leben wollen. Wer einen Wald haben will, sollte wenigstens damit anfangen, einen Baum zu pflanzen. Wer kostenlosen Nahverkehr super findet, sollte sich Menschen suchen, die das Gleiche wollen, und mit ihnen gemeinsam dafür kämpfen. Es gibt überall etwas zu tun: Wir können eine Spendenparty organisieren, einer Partei beitreten, einen Umwelt-Blog für unsere Stadt führen, Unterschriften für bessere Musik im Radio sammeln.

Wir lassen uns zu leicht von der Teilhabe an unserer Gesellschaft abhalten. Wir orientieren uns an Werbeslogans, die ein Frauenbild propagieren, in dem kein Engagement vorkommt. An Mitmenschen, die uns einreden, eine Frau müsse sich für Mann und Kinder aufopfern. An unserer Kultur, in der das Weibliche häufig für das Sanfte, Gute, Zarte, Unschuldige steht. Wir lassen uns regieren von unserer Trägheit, die uns einflüstert, wir hätten schon so viel anderes zu tun. Stattdessen sollten wir uns lieber leiten lassen von zwei ganz hervorragenden Sätzen, die in unserem Grundgesetz stehen: »Jeder hat das Recht auf die freie Entfaltung seiner Persönlichkeit« und »Männer und Frauen sind gleichberechtigt«.

AUGEN AUF DIE WELT, BABY

Der Feminismus, das ist klar, ist nicht nur etwas für mitteleuropäische Bildungsbürgerinnen; Feminismus richtet sich an alle Frauen, unabhängig von ihrer Herkunft, Hautfarbe, Religion, Sozialisation, Einkommensklasse oder ihrem Wohnort: Auf der ganzen Welt wird er von Frauen benötigt und praktiziert. Feministisch zu denken bedeutet nicht nur, gegen Ungerechtigkeit und für die eigene Freiheit zu kämpfen, sondern auch, sich für Frauen einzusetzen, die sich außerhalb des eigenen Dunst- oder Kulturkreises befinden. Feminismus bedeutet Solidarität mit anderen Frauen. Egal, ob sie älter oder jünger sind als wir, anderen Sex oder eine andere Weltanschauung haben.

Internationale Zusammenarbeit war für Feministinnen schon immer ein Thema, bereits im 19. Jahrhundert fanden die ersten internationalen Kongresse statt. Doch mit den Gräben innerhalb ihrer Gesellschaften und zwischen ihren Kulturen taten sich Feministinnen weltweit traditionell schwer. In der »Alten Frauenbewegung« feindeten sich die Klassen und ethnischen Gruppen an, in der »Neuen Bewegung« bekämpften sich die unterschiedlichen Feminismen. Heute sind etwa im deutschen feministischen Establishment Migrantinnen genauso unterrepräsentiert wie junge Frauen überhaupt. Man spricht über sie, aber sie selbst reden nicht mit.

Das kann und sollte anders werden. Nicht umsonst beeinflusst die Globalisierung unser Leben wie kaum ein anderer Prozess. Zu einem jungen, modernen Feminismus gehört es also auch, sich mit ihren Folgen für Frauen zu beschäftigen, einen Blick aus dem Fenster zu werfen.

Als Frau geboren zu sein, bringt in fast jedem Land Nachteile in irgendeiner Form mit sich – wirtschaftlich, politisch und körperlich: Die »gläserne Decke«, jene unsichtbare Grenze, an die Frauen in ihrer Karriere irgendwann stoßen, ist zum Beispiel ein internationales Phänomen, das Gehaltsgefälle zwischen Frauen und Männern auch. Darüber hinaus drohen Frauen auf der ganzen Welt besondere Gefahren. Sie werden versklavt, vergewaltigt, entrechtet, ausgebeutet und verstümmelt. »Tragischerweise sind es Frauen, deren Menschenrechte am häufigsten verletzt werden«, sagte Hillary Rodham Clinton 1995 in ihrer Rede bei der Weltfrauenkonferenz in Peking.

Dass Frauen millionenfach in himmelschreiend ungerechten Verhältnissen leben, ist auf offizieller Ebene mittlerweile Konsens. 1979 verabschiedete die UNO-Vollversammlung die Konvention zur Beseitigung jeder Form der Diskriminierung von Frauen (CEDAW), mittlerweile ist sie von fast allen Mitgliedsstaaten ratifiziert worden. Jahrelang mussten Feministinnen dafür harte Lobbyarbeit leisten, und noch heute arbeiten verschiedene UN-Organisationen an einer Verbesserung der Situation von Frauen auf Basis dieser Konvention: mit Aufklärungsaktionen, Bildungskampagnen oder finanzieller Unterstützung.

EINMAL UM DIE WELT

Frauenrechte sind Menschenrechte. Das bedeutet nicht, dass es besondere, weibliche Menschenrechte gibt. Da, wo die Menschenrechte in Gefahr sind, scheinen sie für Frauen erst recht nicht zu gelten, und hier gilt es gegenzusteuern.

Selbstverständlich sind auch viele Männer Opfer von Gewalt und Diskriminierung, aufgrund ihres Geburtsortes, ihrer Hautfarbe oder Religionszugehörigkeit. Auch Männer leben in schrecklicher Armut und Not. Doch Françoise Gaspard, Mitglied des CEDAW-Komitees, schreibt in ihrem Nachwort zum »Schwarzbuch zur Lage der Frauen 2006«, die Formen und Folgen der Diskriminierung nähmen für Frauen ganz andere Dimensionen an: »In gewisser Weise verdoppeln sie sich, pflanzen sich fort und bestehen durch Raum und Zeit weiter, indem sie von Generation zu Generation weitergereicht werden.«

Was ist damit gemeint? Ein paar Beispiele: Menschenhandel setzt nach Angaben der Internationalen Arbeitsorganisation (ILO) weltweit etwa 32 Milliarden Euro pro Jahr um und ist damit fast so lukrativ wie das Geschäft mit Drogen oder Waffen. Gehandelt wird zu 80 Prozent mit Frauen. Die Opfer verlieren ihre Freiheit und müssen Zwangsarbeit leisten. Wenn sie weiblich sind, werden sie in den meisten Fällen zur Prostitution gezwungen. Nach Angaben des Bundeskriminalamtes werden jährlich rund tausend Menschen allein in Deutschland als Opfer von Menschenhandel identifiziert, 98,5 Prozent von ihnen sind weiblich. Da aber nur eine Minderheit der Fälle aufgedeckt wird, vermuten die Ermittler, dass die tatsächliche Zahl eher bei 10 000 Menschen pro Jahr liegt.

In den armen Regionen der Welt, wo Gewalt und Hunger an der Tagesordnung sind, werden die schlimmsten Verbrechen an Frauen verübt. Mexiko etwa gehört zu den gefährlichsten Ländern der Welt, Guatemala wurde von den Vereinten Nationen als »unregierbar« bezeichnet. In beiden Ländern werden seit Jahren Gräueltaten praktiziert, für die der Terminus »Femizid« erfunden wurde: In der mexikanischen Ciudad Juarez sind seit 1993 an die vierhundert Frauen verschleppt, vergewaltigt und brutal ermordet worden. Die Ermittlungen kommen kaum voran, die Behörden zeigen kein Interesse. Zwar sind im letzten Jahrzehnt einige Männer im Zusammenhang mit den Morden verhaftet worden, doch die Verbrechen dauern an, und die Mehrheit der Täter ist nach wie vor unbekannt. Juarez ist mittlerweile berühmt für ihre Leichen – und für die immense Quote häuslicher Gewalt. Ein struktureller Zusammenhang scheint vielen Experten offensichtlich: Brutalität gegen Frauen ist bereits in den Familien normal, und die Morde und Vergewaltigungen sind eine logische, extreme Fortsetzung dieser Norm. In Guatemala City und Umgebung sind seit 2001 etwa zweitausend Frauenleichen gefunden worden. Oft waren an ihren misshandelten Körpern Botschaften angebracht, wie etwa »Tod den Huren«.

Nicaragua ist eines der ärmsten Länder der Welt und streng katholisch geprägt. Abtreibung wird hier strafrechtlich verfolgt, auch nach Vergewaltigungen oder bei höchster Gefahr für das Leben der Mutter. Verhütungsmittel sind von der Kirche verdammt und wären für die Armen ohnehin unerschwinglich. Die Folge: Hunderte von Frauen sterben jedes Jahr an verpatzten Kleiderhaken-Abtreibungen; wer erwischt wird, muss ins Gefängnis, und das oftmals lebenslänglich.

Ehebruch ist in Ländern wie Pakistan oder Iran streng verboten. Aber nur Frauen werden deswegen eingesperrt oder zu Tode gesteinigt. 80 Prozent der Frauen in pakistanischen Gefängnissen sind wegen angeblichen Ehebruchs oder Prostitution verurteilt worden. Die meisten von ihnen auf Anzeige der eigenen Verwandten.

Auch die Freiheit von Männern wird in muslimisch-totalitären Staaten stark eingeschränkt. Doch nur Frauen wird systematisch das Recht auf Bildung genommen und das Recht auf körperliche Unversehrtheit. Unter den strengen Kodizes muslimischer oder hinduistischer Familien leiden Töchter und Söhne. Aber nur Mädchen und Frauen werden von ihren Brüdern, Vätern und Onkeln ermordet, wenn sie mit dem falschen Mann zusammen sind, wenn sie nicht nach ihren Regeln leben und mitunter auch, wenn sie missbraucht oder vergewaltigt werden, weil all das angeblich Schande über ihre Familien bringt.

In Indien leben die meisten Menschen noch immer in arrangierten Ehen. Für die Frauen muss erst Mitgift bezahlt werden, danach verlieren sie jeglichen Schutz. Viele werden von den Familien ihrer Männer als Haussklavinnen ausgebeutet. Ist eine Familie mit der Frau oder ihrer Mitgift unzufrieden, kann sie diese wieder verstoßen. Nicht jede Frau überlebt das. Viele werden von der eigenen Familie verlassen – oder gar ermordet, ebenso aus sogenannten Ehrengründen.

In der Sahelzone verstümmeln Mütter die Genitalien ihrer eigenen Töchter, in Kamerun »bügeln« sie ihnen die wachsenden Brüste mit heißen Steinen glatt, um sie vor der Begierde der Männer zu schützen. In Südafrika werden jeden Tag 141 Frauen und Kinder vergewaltigt. Im gesamten südlichen Afrika – dazu gehören unter anderem die Länder Angola, Botswana, Malawi und Namibia – werden pro Jahr geschätzte 1,5 Millionen Vergewaltigungen gezählt.

In der Demokratischen Republik Kongo müssen 60 Millionen Menschen mit den Folgen des Bürgerkriegs zurechtkommen. Für die Frauen ist der Konflikt noch längst nicht vorbei: Seit 2004 werden jede Woche Hunderte auf unglaublich brutale Weise vergewaltigt. Allein im Jahr 2007 zählten die Vereinten Nationen 27000 Fälle in einer einzigen Provinz. Kleinkinder, Teenager, Mütter und alte Frauen werden Opfer der Milizen, die sich teilweise bereits im Ruandakrieg zusammengeschlossen haben. Und kaum eine wird nur einmal Opfer. Medien berichten übereinstimmend, dass viele Frauen immer wieder in die Kliniken zurückkehren, weil sie kurz nach der Entlassung wieder überfallen wurden.

DER KAMPF AUF UNSEREN KÖRPERN

Frauenkörper sind Schlachtfelder im Kampf zwischen Ideologie und Aufklärung, zwischen Aberglaube und Vernunft. Der weibliche Körper scheint der Gesellschaft zu gehören. Er wird zu politischen und ideologischen Zwecken instrumentalisiert.

In Bürgerkriegen, bei denen ethnische Feindschaften die größte Rolle spielen, werden Frauen systematisch vergewaltigt. Das ist eine Taktik, um das Gefüge und die Identität einer Gesellschaft zu zerstören: Wenn die Männer ihre Frauen nach einer Vergewaltigung verstoßen, zerbrechen Ehen und Familien. Die Gemeinschaft zersplittert, Frauen und Männer werden voneinander getrennt. Die Scham macht jegliche Solidarisierung unmöglich. Und wenn die Frauen auch noch schwanger werden, dann tragen sie mit dem Baby den Feind in sich. Dadurch geraten sie in einen unermesslichen Konflikt zwischen Hass auf den Täter und Fürsorglichkeit für das Kind, das er gezeugt hat. Die Massenvergewaltigung war spätestens 1945 während der Vertreibung der Deutschen durch die Rote Armee ein berüchtigtes Kampfmittel, das auch im Bosnienkrieg von den serbischen Milizen eingesetzt wurde. Zwischen 20 000 und 40 000 Bosnierinnen wurden im Bürgerkrieg von 1992 bis 1995 vergewaltigt, das ist ein Prozent der Gesamtbevölkerung.

Der weibliche Körper wird als öffentliches Gut benutzt. In Kriegen gilt er als Beute, im Handel als Ware. Und egal ob Zwangsverschleierung, Genitalverstümmelung oder Abtreibungsverbote – immer geht es um die Kontrolle über den Körper und die Sexualität der Frauen. Wir brauchen nicht zu meinen, dass das nur in armen und unterentwickelten Staaten oder in streng muslimischen Ländern der Fall sei. Im Gegenteil, dieses Streben nach Kontrolle findet sich auch in entwickelten, säkularen Staaten. So wird in all den Gesinnungskämpfen um Geburtenkontrolle und Abtreibung vorgeblich immer von der Würde des embryonalen Menschen gesprochen. Doch in letzter Konsequenz geht es um die Frau. Und die soll, was ihren Körper betrifft, keine eigenen Rechte haben oder Entscheidungen treffen dürfen.

Seitdem in den USA die christliche Rechte immer mächtiger wird, wird das Abtreibungsrecht von politischer und juristischer Seite wieder stärker angegriffen. In einigen Bundesstaaten gibt es gesetzliche Vorstöße, die Abtreibung nur noch im Falle äußerster Gefahr für das Leben der Mutter zu erlauben – Schwangerschaftsabbrüche nach Inzest oder Vergewaltigungen wären dann nicht mehr legal. Nur durch ein Referendum konnte ein solches Gesetz im Bundesstaat South Dakota gestoppt werden. Die zunehmende Rechtsunsicherheit hält aber immer mehr Ärzte davon ab, den Eingriff durchzuführen. Sie fürchten, sich strafbar zu machen, weil einige Methoden mittlerweile für verfassungswidrig erklärt wurden.

Auch der Aufklärungsunterricht ist Opfer des rechtskonservativen Kreuzzuges: Jedes Jahr pumpt die Bush-Regierung bis zu 200 Millionen Dollar in Programme, die absolute sexuelle Abstinenz als einzige Verhütungsmethode lehren und sich über die Existenz von Pille und Kondomen ausschweigen. Kein Wunder, dass eines der höchst entwickelten Länder der Welt zugleich die höchste Teenagerschwangerschaftsrate unter den industriellen Ländern hat. Nur in Russland werden mehr Minderjährige schwanger.

Es geht hier um das Leben junger Frauen, das durch mangelnde Aufklärung aus ideologischen Gründen beeinträchtigt wird – weil sie lernen, dass Sex etwas Schlechtes ist, und so ein vollkommen gestörtes Verhältnis dazu entwickeln. Oder weil sie ungewollt schwanger werden, da ihnen niemand erklärt hat, wie sie verhüten können. Im Falle einer Schwangerschaft geben sie entweder ihre Chancen auf ein freies, selbstbestimmtes Leben auf, oder sie müssen eine Abtreibung vornehmen lassen. Und das alles geschieht im Namen des Glaubens.

Diese heuchlerische Kultur sorgt nicht nur für mehr ungewollte Schwangerschaften – sie macht auch krank. Sehr populär in den Vereinigten Staaten sind auch sogenannte *pledges* – Programme, bei denen Jugendliche sich dazu verpflichten, keinen Sex vor der Ehe zu haben. Im Jahr 2005 stellten Wissenschaftler in einer Langzeitstudie fest, dass Teilnehmer an solchen Programmen stattdessen zu 13 Prozent Oral- und Analverkehr praktizieren. Da man davon nicht schwanger werden kann, benutzen viele von ihnen offenbar keine Kondome – und sind also ebenso anfällig für Geschlechtskrankheiten wie Jugendliche, die sich den Schwur gespart haben. Ein Viertel aller US-amerikanischen Teenager steckt sich zu irgendeinem Zeitpunkt mit Chlamydien, Herpes oder Tripper an – egal ob sie nun vaginalen Geschlechtsverkehr haben oder auf hymenschonende Alternativen zurückgreifen.

Oh, Amerika, du Land der verkorksten Sexualität! Hier die Paris Hiltons und all das sexy Medienzeug – da die Lehrer, Eltern und Pfarrer, die den jungen weiblichen Körper tabuisieren und somit in Gefahr bringen. Kein Wunder, dass Medien wie die *Washington Post* der Nation eine Krise in ihrem Verhältnis zum Sex diagnostizieren. Doch der konservativ-klerikale Angriff auf die sexuelle Freiheit ist nicht so weit weg von uns, wie wir hoffen.

Im November 2007 forderte Papst Benedikt XVI. katholische Apotheker weltweit dazu auf, keine Rezepte für die »Pille danach« mehr einzulösen. Sie sollten sich bei der Verweigerung auf Gewissensgründe berufen. Tatsächlich erlauben mittlerweile einige US-amerikanische Bundesstaaten ihren Apothekern, aus religiösen Gründen keine Verhütungsmittel zu verkaufen. In Großbritannien fand im Herbst 2007 eine Anti-Abtreibungsdemonstration statt, großzügig unterstützt von der anglikanischen und katholischen Kirche. In Deutschland ist diese Diskussion bisher glücklicherweise nicht aktuell. Es ist hier auch nichts bekannt geworden über Apotheker, die ihren Kundinnen die Pille verweigert hätten. Und doch sind die Propheten der Apokalypse unter uns. So ruft etwa der Kreis katholischer Ärzte München auf seiner Website dazu auf, die »gesundheitlich und seelisch-geistige, aber auch die bevölkerungspolitische Verwüstung unserer Länder und Gesellschaften durch massenweise Verhütung« zu stoppen.

Zum Glück besitzt die katholische Kirche in Deutschland bei gesellschaftspolitischen Fragen zwar ein lautes Organ, aber doch verhältnismäßig wenig Einfluss. Das ist auch besser so, denn die katholischen Dogmen beschneiden die körperliche Freiheit der Frau und sind – vor allem, was Kondome und HIV betrifft – geradezu unlauter und menschenfeindlich.

Die Freiheit vieler junger Frauen ist auch in Europa und hier in Deutschland bedroht. Jedes Mal, wenn hierzulande eine Frau von ihren Familienangehörigen geschlagen, eingesperrt oder gar ermordet wird, als Strafe für ihr angeblich »unsittliches« Benehmen, geht das auch uns etwas an. Die amerikanische Politikwissenschaftlerin Joyce Marie Mushaben plädiert dafür, den Begriff »Ehrenmord« abzuschaffen und durch »Schandemord« oder »Femizid« zu ersetzen. Mord mit Ehre zu verknüpfen schiebe das Verbrechen lediglich in eine religiös-folkloristische Fremdnische. Statt immerzu über angeblich unüberbrückbare kulturelle Differenzen zu diskutieren, sollte die Gesellschaft für solche Taten exakt dieselben Maßstäbe anlegen wie für familiäre Morde unter Nichtmoslems und Deutsche ohne Migrationshintergrund.

Mushaben fordert insbesondere die deutschen Feministinnen auf, den eigenen Staat zur Verantwortung zu rufen. Und sie hat recht. Schließlich geht es hier um unsere Mitbürgerinnen. Mit Geschrei à la Alice Schwarzers »Der Islam ist der Faschismus des 21. Jahrhunderts« verweigern Feministinnen ihren muslimischen Geschlechtsgenossinnen letztlich die Solidarität, anstatt ihnen einen Platz in einer Gesellschaft zu bieten, in der sie vor gewalttätigen und rachsüchtigen Männern, egal welcher Herkunft, ein wenig sicherer sein können.

PACKEN WIR ES AN

Es gibt also viel zu tun. Und wir haben hier nur einen Bruchteil der Themen erwähnt, um die es gehen muss. Bei uns selbst müssen wir anfangen mit einer feministischen Haltung, die gegen Ungerechtigkeit und für ein besseres Frauenleben ist. Für uns junge Frauen muss es wieder selbstverständlich werden, über unsere Situation nachzudenken und uns für unsere Rechte einzusetzen. Und wir müssen uns austauschen und versuchen, gemeinsam zu handeln: Wir wollen das mit allen jungen Frauen tun, egal welcher Herkunft und welchen Hintergrunds.

Alle, die sich hier wiedergefunden haben, die ähnliche oder noch ganz andere Erfahrungen gemacht haben, die mehr wissen oder etwas tun wollen – lasst uns miteinander sprechen und schreiben. Jede Frau lebt ein bisschen anders. Wir haben unterschiedliche Wünsche, Ziele und Probleme in unseren Familien und Berufsleben. Wir haben unterschiedliche kulturelle Hintergründe und unterschiedliche Vorstellungen. Doch Feminismus ist dafür da, dass wir sie kennen und überwinden lernen. Er kämpft dafür, alle Ungerechtigkeiten, die Frauen in der Welt angetan werden, zu beenden. Je mehr Menschen dabei sind, desto besser.

Wir haben Meinungen und Ideen. Wir haben viele Möglichkeiten, etwas zu bewegen: Ob wir ein Talent für Statistiken haben oder gute Reden halten, schreiben können oder organisieren, Häuser bauen oder demonstrieren gehen – jede von uns hat ihre Fähigkeiten, und alle sind sie wichtig. Und wir sind beweglich, wir haben das Internet. Wir können Kontakt aufnehmen miteinander, uns austauschen. Feminismus trägt zu mehr Freiheit und einer besseren Gesellschaft bei. Er macht Spaß und unser Leben interessanter, schöner und aufregender. Klar wird er uns auch viel Mühe und Ärger kosten – wie das nun mal der Fall ist bei allem, was sich lohnt. Männer haben jetzt wirklich lange genug über alles bestimmen dürfen, es ist höchste Zeit, dass wir mitmachen. Uns allen gehört die Hälfte der Welt – und zusammen können wir sie uns endlich holen.

LITERATUR, DIE WEITERFÜHRT

Atwood, Margaret: Der Report der Magd. Roman. List Verlag, Berlin 2006

de Beauvoir, Simone: Das andere Geschlecht. Rowohlt Verlag, Reinbek bei Hamburg 1992

Beck-Gernsheim, Elisabeth: Die Kinderfrage heute. Über Frauenleben, Kinderwunsch und Geburtenrückgang. C. H. Beck Verlag, München 2006

Becker-Schmidt, Regina und Knapp, Gudrun-Axeli (Hg.): Feministische Theorien zur Einführung. Junius Verlag, Hamburg 2000

Bierach, Barbara und Thorborg, Heiner: Oben ohne. Warum es keine Frauen in unseren Chefetagen gibt. Econ Verlag, Berlin 2006

Bovenschen, Silvia: Die imaginierte Weiblichkeit. Suhrkamp Verlag, Frankfurt am Main 2003

Brandstaller, Trautl: Die neue Macht der Frauen. Sieg der Emanzipation oder Krise der männlichen Eliten? Styria Verlag, Graz 2007

Brinker-Gabler, Gisela (Hg.): Deutsche Literatur von Frauen. 2 Bände. C. H. Beck Verlag, München 1988

Brownmiller, Susan: Gegen unseren Willen. Vergewaltigung und Männerherrschaft. S. Fischer Verlag, Frankfurt am Main 2000

Dorn, Thea: Die neue F-Klasse. Wie die Zukunft von Frauen gemacht wird. Piper Verlag, München 2006

Dürr, Anke und Voigt, Claudia: Die Unmöglichen – Mütter, die Karriere machen. Diana Verlag, München 2006

Eichhoff-Cyrus, Karin M. (Hg.): Adam, Eva und die deutsche Sprache. Beiträge zur Geschlechterforschung. Dudenverlag, Mannheim 2004

Eismann, Sonja: Hot Topic. Popfeminismus heute. Ventil Verlag, Mainz 2007

Henckmann, Gisela (Hg.): Werde, die du bist! Goldmann Verlag, München 1993

Holland-Cunz, Barbara: Die neue alte Frauenfrage. Suhrkamp Verlag, Frankfurt am Main 2003

Kaiser, Claudia: Rocken und Hosen. Deutscher Taschenbuch Verlag, München 2003

Kister, Cornelie: Mütter, euer Feind ist weiblich! Wie Frauen sich gegenseitig das Leben zur Hölle machen. Eichborn Verlag, Frankfurt am Main 2007

Knaths, Marion: Spiele mit der Macht. Wie Frauen sich durchsetzen. Hoffmann und Campe Verlag, Hamburg 2007

Korneli, Caroline und Kavka, Markus: Mach mir mal 'ne Nudelsuppe, bevor ich dich besudel, Puppe. Rowohlt Verlag, Reinbek bei Hamburg 2007

Levy, Ariel: Female Chauvinist Pigs. Women and the Rise of Raunch Culture. Simon & Schuster, London 2006

Mika, Bascha: Alice Schwarzer. Eine kritische Biographie. Rowohlt Verlag, Reinbek bei Hamburg 1998

Ockrent, Christine: Schwarzbuch zur Lage der Frauen. Eine Bestandsaufnahme. Pendo Verlag, München 2007

Onken, Julia und Maya: Hilfe, ich bin eine emanzipierte Mutter. C. H. Beck Verlag, München 2006

Radisch, Iris: Die Schule der Frauen. Wie wir die Familie neu erfinden. Deutsche Verlags-Anstalt, München 2007

Rickens, Christian: Die neuen Spießer. Von der fatalen Sehnsucht nach einer überholten Gesellschaft. Ullstein Verlag, Berlin 2006

Rückert, Corinna: Die neue Lust der Frauen. Vom entspannten Umgang mit der Pornographie. Rowohlt Verlag, Reinbek bei Hamburg 2004

Schwarzer, Alice: Der kleine Unterschied und seine großen Folgen. Fischer Verlag, Frankfurt am Main 2004

Schwarzer, Alice: Simone de Beauvoir heute. Gespräche aus zehn Jahren. Rowohlt Verlag, Reinbek bei Hamburg 2007

Stöcker, Mirja (Hg.): Das F-Wort. Feminismus ist sexy. Ulrike Helmer Verlag, Königstein 2007

Valenti, Jessica: Full Frontal Feminism. A Young Woman's Guide to Why Feminism Matters. Seal Press, Emeryville 2007

Vinken, Barbara: Die Deutsche Mutter. Der lange Schatten eines Mythos. Piper Verlag, München 2001

von Welser, Maria: Wir müssen unser Land für die Frauen verändern. Im Gespräch mit Ursula von der Leyen. C. Bertelsmann Verlag, München 2007

Wolf, Naomi: Der Mythos der Schönheit. Rowohlt Verlag, Reinbek bei Hamburg 1993

WIR BEDANKEN UNS BEI ...

Basti für die Begeisterung, Christina für zwei Jahre Gedanken und Gebräuche teilen, Daniel für seinen super Job als Generalmanager, Derek für das große Glück, Diana für die Ratschläge, Dirk für illustratorische Weitsicht, dem anderen Dirk fürs Grobe, Eva für die Mädchenmannschaft, Ezra und Léonie für die beste Geschwisterliebe, Fran für Freundschaft, Hannes für Treue aus der Ferne und Tipps gegen den Schriftstellerblues, Irina und Ellen sowie Irmi, Katharina, Liane und Michèle für Inspiration, Jakob fürs Weitersagen, Kathrin für die Korrekturen, Kendall und Thomas für Liebe, Unterstützung und gute Bücher, Lea für hunderttausend gute Worte, Mama und Papa für das Leben, Mama für ein Leben mit cooler Mutter, Michael für technische Unterstützung und romantisches Glück, Mimi für Weisheit in allen Lebensfragen, Moulinettes und TriSonics für die gemeinsamen Erfahrungen auf Bühnen, in Proberäumen und bei Interviews, Paul und Jasmin für Glaube, Liebe, Hoffnung, Stephi und Urban für den Tag im Freibad, Ulrike, Corinna, Susi und Isolde, Chris, Christian und Thomas für die jahrelangen Gespräche, in denen wir die Welt nach unseren Vorstellungen neu geordnet haben.